FETTFREI

Kochen + Essen

Die Weltmeisterküche von Sabine Froschauer

CIP-Titelaufnahme der deutschen Bibliothek:
Sabine Froschauer & Stephan Korte
Fettfrei – Die Weltmeisterküche
1. Auflage 1998

Inhalt

Sabine Froschauer

Sabine Froschauer (geb. 03. August 1966) gehört seit dem Gewinn der IFBB Amateur Weltmeisterschaft 1993 zu den erfolgreichsten Bodybuilderinnen Deutschlands. Mit dem 7. Platz bei der »Miss International« konnte sie sich 1996 auch im Profilager durchsetzen. Als gefragter Gaststar auf zahlreichen Meisterschaften ist sie eine perfekte Repräsentantin des Bodybuilding Sports.

Kontaktadresse

Sabine Froschauer, Breslauer Str. 3, D-91785 Pleinfeld

	Sportliche Erfolge
1988	Bayerische Meisterin im Bankdrücken
1992	Oberbayerische Meisterschaft, 1. Platz und Gesamtsieg
1992	Bayerische Meisterschaft, 1. Platz und Gesamtsieg
1992	Deutsche Meisterschaft, 1. Platz
1993	IFBB Amateur Weltmeisterschaft, 1. Platz
1994	Miss Olympia, 14. Platz
1996	Miss International, 7. Platz

Stephan Korte

Stephan Korte (geb. 10.08.1970) erzielte seinen größten sportlichen Erfolg 1993 mit dem Gewinn der Junioren-Europameisterschaft im Kraftdreikampf. Seine Erfahrungen über Ernährung und Training hat er in den Büchern »Power Shakes«, »Die Anabole Diät« und »Steroide« verfaßt. Heute schreibt er regelmäßig für ein renommiertes amerikanisches Kraftsportmagazin. Als Personal-Trainer hat er in den vergangenen Jahren zahlreiche nationale und internationale Athleten erfolgreich auf Bodybuilding und Powerlifting Meisterschaften vorbereitet.

	Sportliche Erfolge
1988	Deutsche Meisterschaft Jugend im Kraftdreikampf, 1. Platz
1991	Deutsche Meisterschaft Junioren im Kraftdreikampf, 1. Platz
1992	Deutscher Mannschaftsmeister Kraftdreikampf
1992	Europameisterschaft Junioren, 3. Platz
1992	Weltmeisterschaft Junioren, 2. Platz
1993	Europameisterschaft Junioren, 1. Platz
1998	Weltrekord Kniebeuge: 100 Wiederholungen mit 100kg

Glossar

Backspray ist erhältlich von der Firma Schöller unter dem Namen Backtrennspray. Nähere Informationen erhalten Sie unter: http://www.schoeller.de (Internet) oder direkt bei der Firma Schöller.

Basmatireis ein aromatischer, duftender Reis, der sich durch seinen hervorragenden Geschmack auszeichnet. Basmatireis wird auch »Duftreis« genannt. Erhältlich in jedem Supermarkt und Asia-Shop. Spartip: Asia-Shop's führen auch Bruchreis (gebrochene Reiskörner) jeglicher Form. Der Verkaufspreis dafür liegt teilweise 50% unter dem Normalpreis.

Bittermandel-, Vanille- und Rum-Aroma eignen sich zum Verfeinern von Gebäck und Süßspeisen. In der Regel reicht 1 Fläschchen für 1000g Mehl bzw. 1,0 Liter Flüssigkeit. Backaromen sind auch tropfenweise zu verwenden. Erhältlich u.a. von den Firmen Ruf, Dr. Oetker, Müller. Im Supermarkt in der Backwarenabteilung zu finden.

Candarel ist eine Streusüße mit der gleichen Süßkraft von Haushaltszucker. Durch den Grundstoff Aspartam enthält sie aber 90% weniger Kalorien als Zucker. Streusüße eignet sich zum Süßen von Getränken, Speisen, Obst, etc. Wichtig: Bei längerem Kochen und beim Erhitzen über 180°C, zerfallen die Eiweißbausteine und es tritt ein Verlust der Süßkraft auf. Candarel sollte deshalb erst nach dem Backen bzw. Kochen verwendet werden. Spartip: »TIP Tafelsüße« ist ein No-Name Produkt, dafür aber etwa 50% günstiger als das Markenprodukt Candarel.

Produktname	**Hersteller**	**erhältlich**
Candarel	Monsanto GmbH D-55120 Mainz	in fast allen Supermärkten
TIP Tafelsüße	Goldhand	Real, Huma, Suma

Curryblätter, wachsen hauptsächlich in Südindien. Wenn man sie zerkleinert duften sie nach Curry. Daher der Name Curryblätter. Erhältlich im gut sortierten Supermarkt und Asia-Shop.

Diabetiker-Zucker ist eine Streusüße auf der Grundlage von Sorbit und Saccharin. Der Zuckeraustauschstoff Sorbit wird vom Organismus langsamer verwertet als herkömmlicher Zucker. Diabetiker-Süße eignet sich zum Kochen und Backen. Wichtig: Kann bei übermäßigem Verzehr abführend wirken.

Produktname	Hersteller	erhältlich
Sionon Diät-Siosüss	Flarom-Sionon GmbH & Co KG D-51469 Bergisch Gladbach	in fast allen Supermärkten
Schneekoppe Diabetiker-Süße	Schneekoppe GmbH D-41066 Mönchengladbach	in fast allen Supermärkten
Cologrin Diabetiker-Süße	Krüger GmbH & Co KG D-51469 Bergisch Gladbach	Edeka-Märkte, Netto
Vitus Diabetiker-Süße	Hergestellt für: REWE Handelsgruppe GmbH, D-50603 Köln	REWE, HL-Markt, miniMAL

Diät-Ketchup ist ein natriumarmer Tomatenketchup. Ist mit Fruchtzucker gesüßt und enthält fast kein Salz. Erhältlich in jedem Reformhaus von der Firma Neuform.

Djintan ist gemahlener Kreuzkümmel der zum Würzen von Fisch-, Fleisch- und Geflügelgerichten sowie Soßen verwendet wird. Erhältlich in jedem Asia-Shop.

Fruchtzucker, auch Zuckeraustauschstoff »Fruktose« genannt, ist ein Zucker, der überwiegend in reifen Früchten vorkommt. Normalerweise wird Fruchtzucker wie Haushaltszucker verwendet. Da seine Süßkraft um 20%–30% höher als bei normalen Haushaltszucker ist, reicht häufig eine geringere Menge aus. Mit Fruchtzucker zubereitete Backwaren bräunen schneller. Es empfiehlt sich daher, die Backtemperatur etwas zu vermindern und die Backzeit entsprechend zu verlängern. Frucht-zucker bindet mehr Feuchtigkeit als Haushaltszucker, deshalb bleiben die Backwaren länger saftig und frisch.

Produktname	Hersteller	erhältlich
Sionon Fruchtzucker	Flarom-Sionon GmbH & Co. KG, D-51469 Bergisch Gladbach	in fast allen Supermärkten
Schneekoppe Fruchtzucker	Schneekoppe GmbH D-41066 Mönchengladbach	in fast allen Supermärkten
Cologrin Fruchtzucker	Krüger GmbH & Co KG D-51469 Bergisch Gladbach	Edeka-Märkte, Netto
Libolo Diät Fruchtzucker	Hergestellt für: Penny-Markt GmbH D-50603 Köln	Penny Markt

Gelier Leicht: Geliermittel für die Zubereitung kalorienreduzierter Konfitüren. Im Gegensatz zu herkömmlichen Geliermitteln liefert »Gelier Leicht« 40% weniger Kalorien.

Produktname	Hersteller	erhältlich
Gelier Leicht	Natreen	in einigen Supermärkten
Gelfix leicht	Dr. Oetker	in fast allen Supermärkten

Grill-Putenbrust, auch Putenbrust mit Paprikahaut genannt, ist eine heißgeräucherte Putenbrust mit Paprikahaut. Erhältlich in jedem Supermarkt.

Halbfett-Margarine: Margarine mit 50%–70% geringerem Fettanteil als herkömmliche Margarine. Wichtig: Nicht zum Braten verwenden.

Produktname	Hersteller	erhältlich
becel Diät Halbfettmargarine	Union Deutsche Lebensmittel GmbH, 22774 Hamburg	in fast allen Supermärkten
Du darfst Brotaufstrich	Du DARFST GmbH D-22774 Hamburg	in fast allen Supermärkten
Yofresh mit Joghurt/ Lätta	Union Deutsche Lebensmittel GmbH, 22774 Hamburg	in fast allen Supermärkten

Hartweizen-Nudeln sind Nudelteigwaren aus reinem Hartweizengrieß (typisch italienische Nudeln) ohne Zusatz von Ei. Erhältlich in jedem gut sortierten Supermarkt.

Hirse Flocken: Hirse ist sehr ballaststoffreich, glutenfrei und gut verdaulich. Hirse besteht zu 10% aus Eiweiß und enthält Kieselsäure, Kalium, Calcium, Eisen sowie Vitamin E und B-Vitamine. Erhältlich in jedem Reformhaus.

Koriander ist Bestandteil fast jeder Currymischung. Erhältlich in vielen Supermärkten und im Asia-Shop.

Kurkuma, (Gelbwurz), hat eine kräftig gelbe Farbe und ist wichtiger Bestandteil des Currypulvers. In Indien wird die Wurzel meist frisch verwendet,. Hierzulande ist Kurkuma nur getrocknet und gemahlen verfügbar. Erhältlich in gut sortierten Supermärkten und im Asia-Shop.

Mihoen, auch Reisnudeln genannt, sind dünne, lange Nudeln aus Reismehl. Hervorragend geeignet für die Zubereitung asiatischer

Speisen, Salate oder gebraten als Beilage. Erhältlich in gut sortierten Supermärkten und im Asia-Shop.

Natron ist auch unter dem Namen „doppelt kohlensaures Natrium" bekannt. Es ist ein altbewährtes Hausmittel und wird anstelle von Backpulver verwendet. In Amerika wird es in Verbindung mit Backpulver unter das Mehl gemischt. Natron kann problemlos durch Backpulver ersetzt werden. Erhältlich in den meisten großen Supermärkten.

Pflanzliches Bindemittel, auch Johannisbrotkernmehl genannt, ist ein kalorienarmes, geschmacksneutrales, Bindemittel. Verwendbar für Suppen, Saucen, Desserts, Süßspeisen, Aufläufe, Dressings, etc. Pflanzliches Bindemittel ist cholesterinfrei, natriumarm, glutenfrei und kalorienarm.

Produktname	**Hersteller**	**erhältlich**
BINDEfixMITTEL	BZ BIO-ZENTRALE GmbH D-94166 Studenberg	in der Bio-Abteilung größerer Supermärkte (Real, Huma, Meister)

Reiskocher sind in jedem Asia oder China-Shop erhältlich. Ein Reiskocher vereinfacht die Zubereitung von Reisgerichten. Man gibt einfach alle Zutaten (mit einigen Ausnahmen) für ein Reisgericht in den Kocher und schaltet die Funktion »Automatik« ein. Sobald der Reis gar ist, schaltet sich der Kocher automatisch ab. Fertig ist das Reisgericht.

Safran, stammt von einer Krokusart und gehört zu den teuersten Gewürzen der Welt. Um 1 kg Safran zu gewinnen, werden etwa 100.000 Blüten benötigt, deren Blütennarben von Hand herausgelöst werden müssen. In der indischen Küche wird Safran wegen seiner gelben Farbe und seinem Aroma für Reisgerichte, Süßspeisen und zum Backen gerne verwendet. Erhältlich in vielen Supermärkten und im Asia-Shop.

Sambal Oelek ist zerkleinerter spanischer Pfeffer mit Salz. Eine besonders scharfe Beigabe der indonesischen Küche. Erhältlich in einigen Supermärkten und im Asia-Shop.

Sojasauce ist eine traditionelle chinesische Würzsauce. Unentbehrlich in der chinesischen Küche. Erhältlich im Supermarkt und Asia-Shop.

Vanilleschoten sind ausgesuchte, fleischige Schoten der Vanille-Orchidee, eine Pflanze die in Madagaskar wächst. Sie verfügt über eine hohe Würzkraft und aromatischen Vanillegeschmack. Erhältlich in den meisten Supermärkten. Tip: Für die Herstellung von echtem Diät-Vanillezucker schneiden Sie die Schote in kleine Stücke legen Sie sie für mehrere Tage in ein Gefäß mit etwa 300g Fruchtzucker ein.

Zimtrinde, wird für viele indische Gerichte verwendet. Zimtrinde ist dunkelbraun und wird in Stücken von 5–10cm Größe angeboten. Geschmacklich ist sie intensiver als Zimtstangen, die eigentlich ebenfalls ein Stück der Innenrinde sind. Erhältlich in einigen Supermärkten und im Asia-Shop.

Abkürzungen

TK	= Tiefkühlkost	Päck.	= Päckchen
EL	= Eßlöffel	Stk.	= Stück
TL	= Teelöffel	Tropf.	= Tropfen
g	= Gramm	ml	= Milliliter
l	= Liter	kcal	= Kilokalorien

mehrf. ung. FS = mehrfach ungesättigte Fettsäuren

Kapitel 1

Nudeln
&
Reis

Spaghetti mit Knoblauchsoße

Stück	Gramm	Produkt	kcal	kcal/100g
	300g	Hartweizen Spaghetti	435,0	145,0
1	10g	Knoblauchzehe	12,5	125,4
2–3	15g	rote Pepperoni, eingelegt	5,8	38,5
1 EL	10g	Olivenöl	92,8	927,8
	15g	Saft einer Zitrone	5,3	35,6
1 EL		Petersilie in Streifen geschnitten	0,6	27,5
		Salz	—	—
		schwarzer Pfeffer	—	279,2

Die Nudeln nach Packungsanweisung kochen und abtropfen lassen. Inzwischen den Knoblauch abziehen und fein hacken. Pepperoni aufschlitzen und entkernen. Beides in feine, kleine Ringe schneiden. Öl in einer Pfanne erhitzen. Knoblauch darin goldgelb braten, Pepperoni einrühren. Mit Zitronensaft ablöschen. Alles unter die abgetropften Nudeln heben. Petersilienstreifen vorsichtig untermischen. Mit Salz, Pfeffer und den restlichen Kräutern abschmecken.

Gesamtanalyse für Spaghetti mit Knoblauchsoße

Energie (kcal)	554,8	mehrf. ung. FS (g)	0,9
Eiweiß (g)	19,1	Ballaststoffe (g)	0,8
Fett (g)	11,6	Natrium (mg)	4,9
Kohlenhydrate (g)	91,9	Kalium (mg)	137,9

100g Spaghetti mit Knoblauchsoße enthält

Energie (kcal)	157,2	mehrf. ung. FS (g)	0,3
Eiweiß (g)	5,4	Ballaststoffe (g)	0,2
Fett (g)	3,3	Natrium (mg)	1,4
Kohlenhydrate (g)	26,0	Kalium (mg)	39,1

Spinatnudeln

Stück	Gramm	Produkt	kcal	kcal/100g
	300g	Hartweizen-Nudeln, gekocht	435,0	145,
	200g	Blattspinat, TK	59,8	29,9
	300g	reife Tomaten	56,0	18,7
1Stk.	150g	große Zwiebel	47,7	31,8
½ Stk.	5g	Knoblauchzehe	6,3	125,4
1 TL	5g	Olivenöl	46,4	927,8
		schwarzer Pfeffer	—	279,2
		Salz	—	—
		Basilikum, Oregano, Majoran	—	—
	50g	geriebener Edamer, 30% Fett	139,4	278,7
	100g	Krabben, ohne Salz	105,5	105,5

Die Nudeln nach Packungsanweisung kochen und abtropfen lassen Den aufgetauten Spinat in einem Sieb abtropfen. Die Tomaten kreuzweise einritzen, mit kochendem Wasser überbrühen, häuten und in Würfel schneiden. Zwiebel und Knoblauch abziehen und fein hacken. Beides im heißen Öl glasig dünsten. Tomaten unterrühren. Mit Pfeffer, Salz und den restlichen Kräutern abschmecken. Alles köcheln lassen. Den Spinat mit den Krabben unter die Tomatensoße heben. Backofen auf 180°C vorheizen. Nudeln in eine Auflaufform geben und mit der Spinat-Tomaten-Soße mischen. Den Edamer über die Nudelmischung streuen. Alles etwa 15 Minuten überbacken, bis der Käse leicht gebräunt ist.

Gesamtanalyse für Spinatnudeln

Energie (kcal)	896,0	mehrf. ung. FS (g)	2,4
Eiweiß (g)	65,2	Ballaststoffe (g)	16,5
Fett (g)	17,9	Natrium (mg)	676,0
Kohlenhydrate (g)	110,1	Kalium (mg)	2558,0

100g Spinatnudeln enthält

Energie (kcal)	80,7	mehrf. ung. FS (g)	0,2
Eiweiß (g)	5,9	Ballaststoffe (g)	1,5
Fett (g)	1,6	Natrium (mg)	60,9
Kohlenhydrate (g)	9,9	Kalium (mg)	230,5

Spaghetti mit Puten-Pepperoni-Soße

Stück	Gramm	Produkt	kcal	kcal/100g
	300g	Hartweizen-Spaghetti, gekocht	435,0	145,0
1 Stk.	100g	kleine Zwiebel	31,8	31,8
½ Stk.	5g	Knoblauchzehe	6,3	125,4
1 TL	5g	Olivenöl	46,4	927,8
	300g	Tomaten	56,0	18,7
1 Stk.	5g	eingelegte rote Pepperoni	1,9	38,5
	100g	Bleichsellerie	14,8	14,8
1 TL	5g	Weinessig	0,8	16,0
		Süßstoff nach Geschmack	—	—
		Salz	—	—
		Pfeffer	—	279,2
		Oregano, Majoran, Basilikum	—	—
	150g	Putenbrust-Filet	178,7	119,1
2 EL	100g	Joghurt, 0,3% Fett	42,1	42,1
1 TL	10g	Parmesankäse	38,3	383,0

Gesamtanalyse für Spaghetti mit Puten-Pepperoni-Soße

Energie (kcal)	852,1	mehrf. ung. FS (g)	1,5
Eiweiß (g)	68,0	Ballaststoffe (g)	10,7
Fett (g)	11,3	Natrium (mg)	368,8
Kohlenhydrate (g)	110,0	Kalium (mg)	2006,8

100g Spaghetti mit Puten-Pepperoni-Soße enthält

Energie (kcal)	78,9	mehrf. ung. FS (g)	0,1
Eiweiß (g)	6,3	Ballaststoffe (g)	1,0
Fett (g)	1,0	Natrium (mg)	34,1
Kohlenhydrate (g)	10,2	Kalium (mg)	185,8

Die Nudeln kochen und abtropfen lassen. Zwiebel und Knoblauch fein hacken. Sellerie putzen in feine Scheiben schneiden, einige Blättchen zum garnieren aufheben. Die Tomaten kreuzweise einritzen, mit kochendem Wasser überbrühen, häuten und in feine, kleine Würfel schneiden. Pepperoni aufschlitzen, entkernen und in dünne Ringe schneiden. Zwiebeln und Knoblauch im heißen Öl dünsten. Tomaten, Sellerie und Pepperoni unterrühren. 10 Minuten köcheln lassen. Mit etwas Wasser oder Gemüsebrühe aufgießen. Mit Essig, Pfeffer, Salz, Süßstoff und den restlichen Kräutern abschmecken. Das Fleisch in Streifen schneiden, in einer Teflonpfanne braten und anschließend mit der Soße unter die Nudeln heben. Mit den restlichen Sellerieblättern garnieren und mit einem Klecks Naturjoghurt und Parmesan servieren.

Schinkenfleckerl

Stück	Gramm	Produkt	kcal	kcal/100g
	300g	gekochte Hartweizennudeln	435,0	145,0
	120g	Putenbrust mit Paprikahaut	159,6	133,0
½ Stk.	50g	Zwiebel	15,9	31,8
	200g	Eiklar	98,6	49,3
½		Bund Schnittlauch	—	26,3
½		Bund Petersilie	—	27,5
		Pfeffer	—	—

Zwiebeln in einer großen antihaft-beschichteten Pfanne mit etwas Wasser glasig dünsten, den Schinken dazugeben und leicht anbraten. Das Eiklar mit der Petersilie und dem Pfeffer vermischen und gemeinsam mit den gekochten Nudeln in die Pfanne geben. Unter Rühren so lange braten, bis die Schinkenfleckerl goldbraun sind. Mit reichlich frischem Schnittlauch servieren.

Tip: Servieren Sie dazu einen knackig frischen Blattsalat.

Gesamtanalyse für Schinkenfleckerl

Energie (kcal)	709,1	mehrf. ung. FS (g)	0,4
Eiweiß (g)	69,8	Ballaststoffe (g)	1,5
Fett (g)	3,1	Natrium (g)	1325,0
Kohlenhydrate (g)	91,4	Kalium (g)	952,6

100g Schinkenfleckerl enthält

Energie (kcal)	105,8	mehrf. ung. FS (g)	0,1
Eiweiß (g)	10,4	Ballaststoffe (g)	0,2
Fett (g)	0,5	Natrium (g)	197,8
Kohlenhydrate (g)	13,6	Kalium (g)	142,2

Paprikagemüse im Reisnest

Rezept von Silvia Mendl (Int. Deutsche Meisterin 1995

Stück	Gramm	Produkt	kcal	kcal/100g
	150g	grüner Paprika, frisch	31,6	21,1
	150g	roter Paprika, frisch	43,1	28,7
	150g	Wasser	0,0	0,0
	400g	Tomaten-Stücke, ohne Salz	74,6	18,7
2 TL	5	Kräutermischung	7,1	142,6
	1	Curry	3,2	321,3
	1	Salz	—	—
	150g	Reis (= 450g gekocht)	550,5	367,0
		Oregano	—	333,0

Reis in Wasser kochen. In der Zwischenzeit, Paprika, Zwiebeln und Wasser in einer antihaft-beschichteten Pfanne, bei mittlerer Hitze so lange kochen, bis das Wasser fast verdampft ist (20 Minuten). Während dieser Zeit ab und zu umrühren. Anschließend die Tomaten dazugeben und noch einmal aufkochen lassen. Mit Kräutermischung, Curry, Oregano und eventuell etwas Salz abschmecken.

Gesamtanalyse für Paprikagemüse im Reisnest

Energie (kcal)	710,1	mehrf. ung. FS (g)	1,4
Eiweiß (g)	18,6	Ballaststoffe (g)	16,3
Fett (g)	3,0	Natrium (mg)	458,4
Kohlenhydrate (g)	141,7	Kalium (mg)	1900,9

100g Paprikagemüse im Reisnest enthält

Energie (kcal)	54,3	mehrf. ung. FS (g)	0,1
Eiweiß (g)	1,4	Ballaststoffe (g)	1,2
Fett (g)	0,2	Natrium (mg)	35,1
Kohlenhydrate (g)	10,8	Kalium (mg)	145,3

Safranreis

Stück	Gramm	Produkt	kcal	kcal/100g
	400g	Basmatireis	1467,0	367,0
1 TL	1g	Safran	3,5	345,9
2 Stk.		Zimtrinden	2,7	267,5
5 Stk.		Kardamomkapseln, grün	3,3	333,7
5 Stk.		Gewürznelken	4,2	418,2
3 Stk.		Lorbeerblätter	3,0	302,6
	25g	Rosinen	71,6	286,4
	125g	Möhren, TK	35,0	87,1
	125g	Erbsen, TK	108,9	28,0
	50g	Fruchtzucker	200,0	400,0

Safran in eine Schüssel geben und mit 3 EL kochendem Wasser übergießen. Reis, Gemüse, Zimtrinde, Kardamomkapseln, Gewürznelken, Rosinen, Lorbeerblätter, Fruchtzucker und Safran in einen Topf geben. Mit 1 Liter Wasser übergießen und schnell zum Kochen bringen. Die Temperatur reduzieren, den Elektroherd sogar ganz ausschalten. Den Reis etwa 15 Minuten bei geschlossenem Topf quellen lassen, bis er weich ist und alle Flüssigkeit aufgesogen hat.

Gesamtanalyse für Safranreis

Energie (kcal)	1894,6	mehrf. ung. FS (g)	1,4
Eiweiß (g)	38,3	Ballaststoffe (g)	17,6
Fett (g)	4,2	Natrium (mg)	122,3
Kohlenhydrate (g)	402,6	Kalium (mg)	1269,2

100g Safranreis enthält

Energie (kcal)	123,8	mehrf. ung. FS (g)	in Spuren
Eiweiß (g)	2,5	Ballaststoffe (g)	1,2
Fett (g)	0,3	Natrium (mg)	8,0
Kohlenhydrate (g)	26,3	Kalium (mg)	83,0

Zitronenreis

Stück	Gramm	Produkt	kcal	kcal/100g
	375g	Basmatireis	458,4	367,0
1 TL		Kurkuma	10,7	356,0
2 EL	13g	Kokosraspel	48,0	369,4
2 EL		Kokosmilch	3,5	24,9
	50g	Rosinen	143,2	286,4
4 Stk.		Curryblätter	3,2	321,3
1/3TL		Senfkörner	4,8	482,8
1 Stk.	10g	Chilischote, grün	33,3	333,5
1 Stk.		Zitrone, gepreßt	17,8	35,6

Reis, Kurkuma, Rosinen, Curryblätter, und Senfkörner in einen Topf geben. Mit 750ml Wasser übergießen und schnell zum Kochen bringen. Die Temperatur reduzieren, den Elektroherd sogar ganz ausschalten. Den Reis etwa 15 Minuten bei geschlossenem Topf quellen lassen, bis er weich ist und alle Flüssigkeit aufgesogen hat. Dabei nicht umrühren. Anschließend die Kokosflocken, Kokosmilch, die in kleine Ringe geschnittene Chilischote und den Saft von 1–2 Zitronen unterrühren.

Gesamtanalyse für Zitronenreis

Energie (kcal)	723,0	mehrf. ung. FS (g)	1,6
Eiweiß (g)	12,3	Ballaststoffe (g)	9,5
Fett (g)	8,3	Natrium (mg)	65,0
Kohlenhydrate (g)	139,9	Kalium (mg)	962,1

100g Zitronenreis enthält

Energie (kcal)	139,8	mehrf. ung. FS (g)	0,3
Eiweiß (g)	2,4	Ballaststoffe (g)	1,8
Fett (g)	1,6	Natrium (mg)	12,6
Kohlenhydrate (g)	27,1	Kalium (mg)	186,1

Gefüllte Tomaten

Stück	Gramm	Produkt	kcal	kcal/100g
2 Stk.	300g	Tomaten	53,1	17,7
	100g	Reis	367,1	367,1
3 EL	4g	Petersilie, frisch	1,1	27,5
2 Stk.	200g	Zwiebeln	58,9	29,4
	30g	Parmesan	114,1	383,1
4 EL	100g	Joghurt, 0,3% Fett	42,1	42,1
1 TL	1g	Paprika	3,2	320,1
		Salz und Pfeffer	—	—
1 TL	1g	Oregano	3,3	333,1

Deckel von den Tomaten abschneiden, anschließend mit einem kleinen Löffel vorsichtig aushöhlen. Zwiebeln und Petersilie zerhacken. Den Reis kochen und anschließend mit der Petersilie, Zwiebeln, Käse, Joghurt und Paprika gut vermischen. Danach das Gemisch mit Salz, Pfeffer und Oregano abschmecken. Die Masse in die Tomaten füllen und mit dem Deckel abdecken, in eine antihaft-beschichtete Form setzen und im vorgeheizten Ofen bei 180° C 20 Minuten backen.

Gesamtanalyse für gefüllte Tomaten

Energie (kcal)	643,3	mehrf. ung. FS (g)	1,1
Eiweiß (g)	28,1	Ballaststoffe (g)	12,9
Fett (g)	8,6	Natrium (mg)	403,9
Kohlenhydrate (g)	103,7	Kalium (mg)	1556,1

100g gefüllte Tomaten enthält

Energie (kcal)	68,7	mehrf. ung. FS (g)	0,1
Eiweiß (g)	3,0	Ballaststoffe (g)	1,4
Fett (g)	0,9	Natrium (mg)	43,2
Kohlenhydrate (g)	11,1	Kalium (mg)	166,3

Kapitel 2

Geflügel

Putenbrust Kassler Art

Stück	Gramm	Produkt	kcal	kcal/100g
	200g	Putenbrust mit Paprikahaut	266,0	133,0
	200g	Sauerkraut	25,4	12,7
	100ml	Wasser	—	—

Putenbrust in 2 dicke Scheiben schneiden. Wasser, Putenbrust und Sauerkraut in einen Topf geben und bei mittlerer Hitze solange schmoren lassen, bis das Wasser zu 3/4 verdunstet ist. Sauerkraut eventuell mit etwas Fruchtzucker oder Süßstoff abschmecken.

Gesamtanalyse für Putenbrust Kassler Art

Energie (kcal)	291,4	mehrf. ung. FS (g)	0,8
Eiweiß (g)	53,9	Ballaststoffe (g)	2,7
Fett (g)	2,4	Natrium (mg)	2586,0
Kohlenhydrate (g)	2,2	Kalium (mg)	1282,0

100g Putenbrust Kassler Art enthält

Energie (kcal)	72,8	mehrf. ung. FS (g)	0,2
Eiweiß (g)	13,5	Ballaststoffe (g)	0,7
Fett (g)	0,6	Natrium (mg)	646,5
Kohlenhydrate (g)	0,6	Kalium (mg)	320,5

Gebackene Reisnudeln mit Fleisch

Stück	Gramm	Produkt	kcal	kcal/100g
	400g	Puten- oder Hühnerfleisch	476,6	119,1
	250g	Reisnudeln (Mihoen)	916,9	367,0
	100g	Porree	26,3	26,3
1	50g	Zwiebel	15,9	31,8
	125g	China- oder Weißkohl	13,8	11,0
	200g	Bambussprossen	39,2	19,6
1 TL		Djahé (Ingwer)	—	—
		Sambal Oelek (Chilisoße)	—	200,7
		Ketjap Manis (Würzsoße)	—	—
	50g	Zitrone	17,8	35,6
1 Prs.		Salz	—	—

Reisnudeln nach Packungsanweisung garen. In der Zwischenzeit das Fleisch in Würfel, Zwiebel und Porree in Ringe schneiden. Bambussprossen und Kohl ebenfalls in Streifen schneiden. Das Fleisch in einer antihaft-beschichteten Pfanne von allen Seiten kurz anbraten, nach und nach Zwiebel, Porree, Bambussprossen und Kohl zugeben und anbraten. Das Gemüse sollte knackig bleiben. Mit Ingwer, Sambal, Ketjap und etwas Salz abschmecken, anschließend den Zitronensaft unterrühren. Reisnudeln gut untermischen und alles 5 Minuten braten. Bei Bedarf Sambal und Ketjap nachwürzen.

Gesamtanalyse für Gebackene Reisnudeln mit Fleisch

Energie (kcal)	1488,6	mehrf. ung. FS (g)	2,4
Eiweiß (g)	121,7	Ballaststoffe (g)	12,9
Fett (g)	6,9	Natrium (mg)	714,8
Kohlenhydrate (g)	207,1	Kalium (mg)	2679,5

100g Gebackene Reisnudeln mit Fleisch enthält

Energie (kcal)	91,6	mehrf. ung. FS (g)	0,1
Eiweiß (g)	7,5	Ballaststoffe (g)	0,8
Fett (g)	0,4	Natrium (mg)	44,0
Kohlenhydrate (g)	12,7	Kalium (mg)	164,9

Hähnchenbrust Tandoori

Stück	Gramm	Produkt	kcal	kcal/100g
	800g	Hähnchenbrust-Filet	953,1	119,1
10 EL	70g	Essig	11,2	16,0
1 Stk.		Ingwerwurzel, frisch	3,2	315,6
3 Stk.	10g	Knoblauch	12,5	125,4
	300g	Joghurt, 0,3% Fett	126,3	42,1
		Chili, gemahlen	3,2	320,1
2 TL	12g	Paprika edelsüß, gemahlen	38,4	320,1
1 TL		Kreuzkümmel	16,5	412,4
1 TL		Koriander	12,7	318,4
		Pfeffer, schwarz	5,6	279,2
		Kurkuma, gemahlen	7,1	356,0
1 TL		Mußkatnuß, gemahlen	21,5	538,5
		Speisefarbe, rot	—	—

Gesamtanalyse für Hähnchenbrust Tandoori

Energie (kcal)	1211,4	mehrf. ung. FS (g)	3,8
Eiweiß (g)	210,4	Ballaststoffe (g)	5,1
Fett (g)	13,3	Natrium (mg)	594,4
Kohlenhydrate (g)	29,1	Kalium (mg)	3566,5

100g Hähnchenbrust Tandoori enthält

Energie (kcal)	100,12	mehrf. ung. FS (g)	0,3
Eiweiß (g)	17,39	Ballaststoffe (g)	0,42
Fett (g)	1,1	Natrium (mg)	49,1
Kohlenhydrate (g)	2,4	Kalium (mg)	294,8

Als „Tandoor“ bezeichnet man in Indien einen faßförmigen Tonofen, der mit Holzkohle oder Holz beheizt wird. Die rote Farbe gehört tradtionell zum Gericht. Da sie keinen Einfluß auf den Geschmack des Gerichts hat, können Sie auf die Zugabe der roten Farbe auch verzichten. Das Hähnchenbrustfilet in zwei Teile schneiden. Das Fleisch etwas einschneiden, damit die Gewürze gut eindringen können. Die Hähnchenbrüste auf einer Platte verteilen, und mit Essig beträufeln. Etwa 1 Stunde ziehen lassen. Ingwer und Knoblauch schälen und fein reiben. Joghurt in eine Schüssel geben, alle Gewürze und die Speisefarbe dazugeben und gut untermischen. Die Hähnchenteile 6–24 Stunden zugedeckt im Kühlschrank ziehen lassen. Den Backofen auf 180°C vorheizen. Die marinierten Hähnchenstücke aus der Sauce nehmen und auf ein beschichtetes Backblech legen und etwa 45 Minuten backen. Zwischendurch die restliche Sauce mit einem Pinsel auf die Hähnchenstücke streichen. Mit Reis servieren.

Nasi Goreng

Stück	Gramm	Produkt	kcal	kcal/100g
	400g	Puten- oder Hühnerfleisch	476,6	119,1
	400g	Reis	1467,0	367,0
	150g	Zwiebeln	47,7	31,8
	250g	Porree (Lauch)	65,8	26,3
1Stk.	200g	Karotte	56,0	28,0
1 Prs.		Salz	—	—
1 TL		Knoblauchpulver	—	345,0
		Djintan (Kreuzkümmel)	—	412,4
		Ketoembar (Koriander)	—	318,4
		Sambal Oelek (Chilisoße)	—	200,2
4 EL	20g	Sojasoße	22,8	114,1

Den Reis kochen (nicht zu weich). In der Zwischenzeit das Fleisch in Würfel, Zwiebel und Porree in Ringe und die Karotte in Streifen schneiden. Das Fleisch in einer antihaft-beschichteten Pfanne kurz anbraten, Gemüse zugeben und alles etwa 5 Minuten anbraten. Mit Knoblauchpulver, Koriander, Kreuzkümmel, Sambal Oelek und Sojasoße würzen. Den Reis unterrühren, das Ganze nochmal kurz anbraten und bei Bedarf mit einer Prise Salz und Sambal Oelek abschmecken.

Gesamtanalyse für Nasi Goreng

Energie (kcal)	2142,7	mehrf. ung. FS (g)	3,5
Eiweiß (g)	136,6	Ballaststoffe (g)	26,9
Fett (g)	0,4	Natrium (g)	985,5
Kohlenhydrate (g)	343,1	Kalium (g)	3066,7

100g Nasi Goreng enthält

Energie (kcal)	96,2	mehrf. ung. FS (g)	0,2
Eiweiß (g)	6,1	Ballaststoffe (g)	4,3
Fett (g)	0,4	Natrium (g)	44,3
Kohlenhydrate (g)	15,4	Kalium (g)	137,8

Puten-Lasagne mit Spinat

Stück	Gramm	Produkt	kcal	kcal/100g
	250g	Lasagne-Platten	895,0	358,0
	400g	Putenhackfleisch	476,6	119,1
	250g	Champignons, geschnitten	31,1	12,4
	300g	Blattspinat, TK	53,1	17,7
	100g	Zwiebeln	31,8	31,8
	50g	saure Sahne, 10% Fett	60,4	120,8
	100g	Joghurt, 0,3% Fett	42,1	42,1
	200g	Tomatenstücke, ohne Salz	24,4	12,2
1 Prs.		Salz	—	—
		Knoblauch	—	125,4
		Majoran, Oregano, Pfeffer	—	—
	200g	Mozarella	347,5	278,0

Zwiebeln in eine Teflonpfanne geben und mit etwas Wasser dünsten. Champignons dazugeben und kurz mitgaren. In der Zwischenzeit das Putenhack in einer heißen Teflonpfanne anbraten. Fleisch, Spinat, saure Sahne, Joghurt und Tomatenstücke (mit Soße) zu der Pilz-Zwiebel-Mischung geben, abschmecken. Backofen auf 200°C vorheizen. Den Boden einer Auflaufform mit einer dünnen Schicht Fleischmischung bedecken. Lasagne-Platten darüber legen. Und das Ganze zweimal wiederholen. Jeweils eine Schicht Fleischmischung und darauf die Lasagne-Platten. Mit einer Schicht Fleischsoße abschließen. Mozarella in dünne Scheiben schneiden und die Lasagne damit bedecken. Im Backofen 20–25 Minuten überbacken.

Gesamtanalyse für Puten-Lasagne mit Spinat

Energie (kcal)	1962,0	mehrf. ung. FS (g)	4,4
Eiweiß (g)	176,6	Ballaststoffe (g)	21,9
Fett (g)	39,6	Natrium (mg)	3468,0
Kohlenhydrate (g)	201,8	Kalium (mg)	5008,5

100g Puten-Lasagne mit Spinat enthält

Energie (kcal)	110,5	mehrf. ung. FS (g)	0,2
Eiweiß (g)	9,9	Ballaststoffe (g)	1,2
Fett (g)	2,2	Natrium (mg)	195,4
Kohlenhydrate (g)	11,4	Kalium (mg)	282,2

Putentatar

Stück	Gramm	Produkt	kcal	kcal/100g
	250g	Putenhackfleisch	297,8	119,1
	150g	Zwiebeln	47,7	31,8
	20g	Senf, mittelscharf	17,5	87,3
		Pfeffer	—	279,2
		Salz	—	—
		Paprika	—	—

Zwiebeln schälen, etwa drei Viertel der Zwiebel zerhacken, den Rest in Ringe schneiden. Putenhackfleisch mit den gehackten Zwiebeln, Gewürzen (Pfeffer, Salz, Paprika) und Senf abschmecken. Mit Zwiebelringen garnieren.

Tip: Bestreichen Sie ein rustikales Zwiebelbrot mit etwas fettarmen Frischkäse (z.B. Buko) und servieren Sie es als Beilage zum Tatar.

Gesamtanalyse für Putentatar

Energie (kcal)	363,0	mehrf. ung. FS (g)	1,1
Eiweiß (g)	63,4	Ballaststoffe (g)	4,7
Fett (g)	3,6	Natrium (mg)	380,0
Kohlenhydrate (g)	10,2	Kalium (mg)	1031,0

100g Putentatar enthält

Energie (kcal)	86,4	mehrf. ung. FS (g)	0,3
Eiweiß (g)	15,1	Ballaststoffe (g)	1,1
Fett (g)	0,9	Natrium (mg)	90,5
Kohlenhydrate (g)	2,4	Kalium (mg)	245,5

Puten-Omelette

Stück	Gramm	Produkt	kcal	kcal/100g
	100g	Putenbrust-Filet	119,1	119,1
	100g	Putenschinken, gegrillt	133,0	133,0
	250g	Kidney-Bohenen	508,6	200,2
	300g	Eiklar	147,8	49,3
3 EL	25g	Parmesan	95,8	383,0
	75g	Kondensmilch, 4% Fett	85,6	114,1
1/2TL		Sojasoße	—	75,0
1 EL		Petersilie, fein geschnitten	—	27,5
1 EL		Schnittlauch, gehackt	—	26,3
1 Prs.		Pfeffer	—	279,2

Alle Zutaten in einer Schüssel vermengen. Mischung in eine antihaft-beschichtete Pfanne geben. Bei mittlerer Hitze unter leichtem Rühren kochen, bis die Eimasse zu stocken beginnt.

Gesamtanalyse für Puten-Omelette

Energie (kcal)	1082,7	mehrf. ung. FS (g)	2,5
Eiweiß (g)	132,1	Ballaststoffe (g)	41,1
Fett (g)	13,4	Natrium (mg)	2793,5
Kohlenhydrate (g)	85,1	Kalium (mg)	3405,5

100g Puten-Omelette enthält

Energie (kcal)	127,2	mehrf. ung. FS (g)	0,3
Eiweiß (g)	15,5	Ballaststoffe (g)	4,8
Fett (g)	1,6	Natrium (mg)	328,3
Kohlenhydrate (g)	10,0	Kalium (mg)	400,2

Puten-Schaschlik

Stück	Gramm	Produkt	kcal	kcal/100g
	150g	Putenfleisch-Würfel	178,7	119,1
	25g	grüner Paprika, frisch	5,3	21,1
	25g	roter Paprika, frisch	7,2	28,7
	75g	Zwiebel	23,9	31,8
	1g	Curry	3,2	321,3
	50g	Diät-Ketchup (Neuform)	49,5	99,0
		Salz, Paprika	—	—

Putenfleisch in Würfel und Paprika in ca. 4 x 4 cm große Quadrate schneiden. Zwiebel vierteln und anschließend von der Außenseite her, Schicht für Schicht die Zwiebelteile abnehmen. Im Wechsel, Paprika, Zwiebel und Fleisch auf einen Schaschlikspieß stecken. 50ml Wasser in eine beschichtete Pfanne geben und die Fleischspieße von allen Seiten solange schmoren lassen, bis das Wasser verkocht ist und die Spieße leicht braun sind. Mit Gewürzen abschmecken, Ketchup darüber geben.

Gesamtanalyse für Puten-Schaschlik

Energie (kcal)	267,7	mehrf. ung. FS (g)	0,6
Eiweiß (g)	38,7	Ballaststoffe (g)	3,4
Fett (g)	1,9	Natrium (mg)	98,7
Kohlenhydrate (g)	17,8	Kalium (mg)	711,2

100g Puten-Schaschlik enthält

Energie (kcal)	82,1	mehrf. ung. FS (g)	0,2
Eiweiß (g)	11,9	Ballaststoffe (g)	1,0
Fett (g)	0,6	Natrium (mg)	30,3
Kohlenhydrate (g)	5,5	Kalium (mg)	218,1

Kapitel 3

Salate

Geflügel-Krabbensalat mit Melone

Stück	Gramm	Produkt	kcal	kcal/100g
	100g	Puten- oder Hänchenbrust	101,3	101,3
	100g	Krabben, ohne Salz	105,5	105,5
	200g	Honigmelone	61,7	30,9
	125g	Pfirsich	53,2	42,6
1 kl.	100g	Apfel	48,3	48,3
1 EL	25g	Hüttenkäse-Aufstrich	26,8	107,4
	100g	Joghurt, 0,3% Fett	42,1	42,1
		Süßstoff, Zitronensaft	—	—
		Salz, Pfeffer	—	—

Puten- oder Hähnchenfleisch kochen und in Würfel schneiden. Honigmelonen, Apfel und Pfirsich ebenfalls in kleine Würfel schneiden und mit dem Fleisch und Krabben in eine Schüssel geben. Alles gut vermengen. Restliche Zutaten zu einer Marinade verrühren und unter die Salatzutaten mengen. Salat 30–45 Minuten zugedeckt im Kühlschrank durchziehen lassen.

Gesamtanalyse für Geflügel-Krabbensalat mit Melone

Energie (kcal)	439,0	mehrf. ung. FS (g)	1,3
Eiweiß (g)	49,2	Ballaststoffe (g)	6,1
Fett (g)	4,1	Natrium (mg)	389,2
Kohlenhydrate (g)	41,0	Kalium (mg)	1660,3

100g Geflügel-Krabbensalat mit Melone enthält

Energie (kcal)	59,7	mehrf. ung. FS (g)	0,2
Eiweiß (g)	6,7	Ballaststoffe (g)	0,8
Fett (g)	0,6	Natrium (mg)	52,9
Kohlenhydrate (g)	5,6	Kalium (mg)	225,9

Fruchtiger Blattsalat

Stück	Gramm	Produkt	kcal	kcal/100g
	100g	Ananas-Stücke ohne Zucker	56,2	56,2
	100g	Paprika, eingelegt	28,7	28,7
	100g	Grapefruit, rot	41,1	41,1
	150g	Kopfsalat	20,1	13,4
2 EL	15g	Ananassaft	5,8	39,0
1 EL	8g	Grapefruitsaft	3,1	38,5
2 EL	20g	Zitronensaft	7,1	35,6
1 TL	3g	Sonnenblumen-Öl	27,9	928,7

Ananas in Stücke und Paprika in Streifen schneiden. Grapefruit schälen und häuten und in Stücke schneiden. Kopfsalat putzen, waschen und in mundgerechte Stücke zupfen. Alles vorsichtig vermengen. Die Zutaten für die Marinade (Ananas-, Grapefruit-, Zitronensaft und Öl) verrühren, abschmecken und über den Salat geben. Sofort servieren.

Gesamtanalyse für fruchtiger Blattsalat

Energie (kcal)	190,0	mehrf. ung. FS (g)	2,2
Eiweiß (g)	4,3	Ballaststoffe (g)	6,4
Fett (g)	4,0	Natrium (mg)	27,6
Kohlenhydrate (g)	30,6	Kalium (mg)	1046,4

100g fruchtiger Blattsalat enthält

Energie (kcal)	38,3	mehrf. ung. FS (g)	0,4
Eiweiß (g)	0,9	Ballaststoffe (g)	1,3
Fett (g)	0,8	Natrium (mg)	5,6
Kohlenhydrate (g)	6,2	Kalium (mg)	211,0

Salat Nizza

Stück	Gramm	Produkt	kcal	kcal/100g
	200g	Blattsalat	26,8	13,4
	200g	Gurke	20,6	10,3
	200g	Ananas, frisch	112,4	56,2
	100g	Zwiebel	31,8	31,8
2 Stk.	20g	Pfefferoni, grün (Glas)	4,0	20,1
2 Stk.	70g	Eiklar	34,5	49,3
	300g	Thunfisch, in Wasser	357,0	119,0
	200g	Tomatenscheiben, frisch	37,3	18,7
3 Stk.	30g	Sardellen	29,7	99,0
	175g	Joghurt, 0,3% Fett	73,7	42,1
1 TL	5g	Sonnenblumen-Öl	46,4	928,7
1 EL	20g	Essig	3,2	16,0
		Zitronensaft, Salz, Pfeffer	—	—
2 EL		gehackte Kräuter, TK	—	—

Salat waschen und gut abtropfen lassen. Gurken waschen und fein hobeln, Ananas in Stücke schneiden, Zwiebeln, Tomaten und Pfefferoni in feine Ringe bzw. Viertel schneiden, 2 Eier kochen, Eidotter entfernen und das Eiklar in Ringe oder Viertel schneiden. Thunfisch und Sardellen in ein Sieb geben und unter warmem Wasser gut abspülen. Alles vorsichtig vermengen. Aus den übrigen Zutaten eine Marinade bereiten, über den Salat geben und nochmals vorsichtig mischen. Sofort servieren.

Gesamtanalyse für Salat Nizza

Energie (kcal)	777,5	mehrf. ung. FS (g)	3,9
Eiweiß (g)	111,9	Ballaststoffe (g)	13,6
Fett (g)	10,1	Natrium (mg)	1884,8
Kohlenhydrate (g)	51,1	Kalium (mg)	2450,8

100g Salat Nizza enthält

Energie (kcal)	51,2	mehrf. ung. FS (g)	0,3
Eiweiß (g)	7,4	Ballaststoffe (g)	0,9
Fett (g)	0,7	Natrium (mg)	12,0
Kohlenhydrate (g)	3,4	Kalium (mg)	161,2

Italienischer Salat

Stück	Gramm	Produkt	kcal	kcal/100g
	200g	Blattsalat	26,8	13,4
	200g	Gurke	20,6	10,3
	200g	Orangenscheiben	97,6	48,8
	100g	Zwiebel	31,8	31,8
2 Stk.	70g	Eiklar	34,5	49,3
	100g	Thunfisch, in Wasser	119,0	119,0
	150g	Putenbrust, gegrillt	199,5	133,0
	200g	Tomaten, frisch	37,3	18,7
	175g	Joghurt, 0,3% Fett	73,7	42,1
1 TL	5g	Sonnenblumen-Öl	46,4	928,7
1 EL	20g	Essig	3,2	16,0
		Zitronensaft, Salz, Pfeffer	—	—
2 EL		gehackte Kräuter, TK	—	—

Gurken waschen und fein hobeln. Salat waschen, abtropfen lassen und zerkleinern. Orange und Zwiebeln schälen und in feine Ringe schneiden. Die Tomaten in Scheiben schneiden. 2 Eier hart kochen, Eidotter entfernen und Eiklar vierteln. Den Thunfisch auf ein Sieb geben und mit warmem Wasser abspülen. Putenbrust in Streifen schneiden. Sämtliche Zutaten in einer großen Schüssel vermengen. Aus den übrigen Zutaten eine Marinade bereiten, über den Salat geben und nochmals vorsichtig mischen. Sofort servieren.

Gesamtanalyse für Italienischer Salat

Energie (kcal)	690,4	mehrf. ung. FS (g)	4,1
Eiweiß (g)	90,5	Ballaststoffe (g)	15,2
Fett (g)	9,4	Natrium (mg)	1494,8
Kohlenhydrate (g)	45,4	Kalium (mg)	3018,7

100g Italienischer Salat enthält

Energie (kcal)	48,6	mehrf. ung. FS (g)	0,3
Eiweiß (g)	6,4	Ballaststoffe (g)	1,1
Fett (g)	0,7	Natrium (mg)	105,3
Kohlenhydrate (g)	3,2	Kalium (mg)	212,6

Nudelsalat „Fantastica“

Stück	Gramm	Produkt	kcal	kcal/100g
	200g	Hartweizen-Muschelnudeln	716,0	358,0
	200g	Putenbrust mit Paprikahaut	266,0	133,0
	100g	Paprikastreifen	18,9	18,9
	150g	Erbsen, sehr fein	87,2	58,1
	150g	Gemüsemais	134,5	89,7
	170g	Champignons	21,1	12,4
	100g	Gewürzgurken	9,8	9,8
	150g	Tomaten	18,3	12,2
		Salz, Pfeffer, Oregano	—	—
		Dill, Schnittlauch	—	—

Nudeln „al dente“ (bißfest) kochen, mit lauwarmem Wasser abspülen und abtropfen lassen. Putenbrust und Gewürzgurken (Gurkenbrühe in ein Glas gießen) in kleine Würfel schneiden. Tomaten aus der Dose auf ein Sieb gießen, Saft ebenfalls in einem Glas auffangen! Anschließend die Tomaten zerhacken. Nudeln mit allen Zutaten (nicht die Gewürze) vorsichtig mischen. Aus Tomatensaft, Gurkenbrühe, fein geschnittenem Dill und Schnittlauch und den Gewürzen die Salatsoße mischen. Den Salat mit der Soße gut vermengen. Viel Soße verwenden. Den Salat mehrere Stunden durchziehen lassen. Leicht gekühlt servieren.

Gesamtanalyse für Nudelsalat „Fantastica“

Energie (kcal)	1271,9	mehrf. ung. FS (g)	3,0
Eiweiß (g)	95,8	Ballaststoffe (g)	20,8
Fett (g)	7,7	Natrium (mg)	4958,8
Kohlenhydrate (g)	189,6	Kalium (mg)	2854,7

100g Nudelsalat „Fantastica“ enthält

Energie (kcal)	84,0	mehrf. ung. FS (g)	0,2
Eiweiß (g)	6,3	Ballaststoffe (g)	1,4
Fett (g)	0,5	Natrium (mg)	327,5
Kohlenhydrate (g)	12,5	Kalium (mg)	188,6

Tzatziki

Stück	Gramm	Produkt	kcal	kcal/100g
1 Stk.	350g	Salatgurke	36,0	10,3
1 Stk.	100g	Zwiebel	31,8	31,8
2–3		Knoblauchzehen	6,3	125,4
2 Stk.	300g	Joghurt, 0,3 % Fett	126,3	42,1
	200g	Magerquark	152,6	76,3
1 TL	5g	Essig	0,8	16,0
1 EL	10g	Olivenöl	92,8	927,8
2 EL	5g	gehackter Dill	7,1	142,6
		Salz, Pfeffer	—	—

Gurke schälen, der Länge nach halbieren und eventuell die Kerne herauskratzen. Die Gurkenhälften in feine Streifen schneiden bzw. hobeln. Zwiebeln schälen und zerhacken. Knoblauchzehen schälen und sehr fein hacken. Den Joghurt mit dem Öl, dem Quark und dem Essig cremig rühren. Die Zwiebeln, Knoblauch und Dill unterarbeiten und mit Salz und Pfeffer abschmecken. Anschließend 1–2 Stunden durchziehen lassen, so daß sich das Aroma voll entfalten kann.

Gesamtanalyse für Tzatziki

Energie (kcal)	453,7	mehrf. ung. FS (g)	1,4
Eiweiß (g)	43,0	Ballaststoffe (g)	5,8
Fett (g)	11,8	Natrium (mg)	307,5
Kohlenhydrate (g)	34,4	Kalium (mg)	1494,5

100g Tzatziki enthält

Energie (kcal)	46,5	mehrf. ung. FS (g)	0,1
Eiweiß (g)	4,4	Ballaststoffe (g)	0,6
Fett (g)	1,2	Natrium (mg)	31,5
Kohlenhydrate (g)	3,5	Kalium (mg)	153,3

Putensalat

Stück	Gramm	Produkt	kcal	kcal/100g
	100g	Putenbrust	101,3	101,3
1 EL	10g	Zwiebel	3,2	31,8
3 EL	100g	Frischkäse-Aufstrich	107,4	107,4
1 EL	30g	Joghurt 0,3%	12,6	42,1
	5g	Senf, mittelscharf	4,4	87,3
1 Prs.		Pfeffer	—	279,2
	65g	Apfel	31,4	48,3
		einige Blätter Kopfsalat	—	13,4

Die Putenbrust kochen und anschließend in kleine Würfel schneiden. Zwiebel zerhacken und den Apfel ebenfalls in kleine Würfel schneiden. Alle Zutaten in einer Schüssel vermengen. Kalt Stellen. Anschließend auf den Kopfsalatblättern servieren.

Gesamtanalyse für Putensalat

Energie (kcal)	260,3	mehrf. ung. FS (g)	0,6
Eiweiß (g)	35,3	Ballaststoffe (g)	2,1
Fett (g)	5,2	Natrium (mg)	544,2
Kohlenhydrate (g)	12,3	Kalium (mg)	508,4

100g Putensalat enthält

Energie (kcal)	88,2	mehrf. ung. FS (g)	0,2
Eiweiß (g)	12,0	Ballaststoffe (g)	0,7
Fett (g)	1,7	Natrium (mg)	184,5
Kohlenhydrate (g)	4,2	Kalium (mg)	172,3

Kapitel 4

Pizza

Meeresfrüchte-Pizza

Stück	Gramm	Produkt	kcal	kcal/100g
	175g	Mehl	637,6	364,4
	5g	Hefe, frisch	2,8	55,0
	2g	Fruchtzucker	8,0	400,0
1 Prs.		Salz	—	—
2 EL	30g	Tomatenpüree ohne Salz	11,8	39,5
	500g	Meeresfrüchte, TK ohne Salz	13,3	133,0
	30g	Pfefferoni, grün	11,8	20,1
	70g	Mozarella	194,6	278,0
	30g	Edamer, 30% Fett	83,6	278,7
2 EL		Pizzagewürz	—	—

Gesamtanalyse für Meeresfrüchte-Pizza

Energie (kcal)	1310,4	mehrf. ung. FS (g)	1,6
Eiweiß (g)	112,2	Ballaststoffe (g)	4,3
Fett (g)	27,4	Natrium (mg)	629,9
Kohlenhydrate (g)	139,3	Kalium (mg)	373,7

100g Meeresfrüchte-Pizza enthält

Energie (kcal)	159,4	mehrf. ung. FS (g)	0,2
Eiweiß (g)	13,6	Ballaststoffe (g)	0,5
Fett (g)	3,3	Natrium (mg)	76,6
Kohlenhydrate (g)	17,0	Kalium (mg)	45,5

1 Stück Meeresfrüchte-Pizza enthält

Energie (kcal)	109,2	mehrf. ung. FS (g)	0,1
Eiweiß (g)	9,4	Ballaststoffe (g)	0,4
Fett (g)	2,3	Natrium (mg)	52,5
Kohlenhydrate (g)	11,61	Kalium (mg)	31,1

Mehl sieben und mit Zucker und Salz in eine Schüssel geben. Frische Hefe mit 40ml lauwarmen Wasser verrühren und 10–15 Minuten quellen lassen. Zu einem Teig vermischen und auf einer mit Mehl bestreuten Arbeitsfläche verkneten. Dabei den Teig mit einem Handballen ziehen, kneten und wieder ziehen. In 10 Minuten glatt und geschmeidig kneten. Eine Kugel formen und in einer leicht geölten Schüssel abgedeckt 1 Stunde aufgehen lassen. Den Teig erneut glatt kneten. Einen ca. 24 cm Kreis ausrollen und auf einem Backblech 20 Minuten aufgehen lassen. Den Teig mit Tomatenpüree bestreichen. Pfefferoni in feine Ringe schneiden und mit den Meeresfrüchten auf dem Teig verteilen. Mozarella in feine Scheiben schneiden, den Edamer reiben und ebenfalls auf der Pizza verteilen. Mit Pizzagewürz bestreuen und im vorgeheizten Backofen bei 220° C 20–30 Minuten backen.

Pizza Salami-Schinken-Champignon

Stück	Gramm	Produkt	kcal	kcal/100g
	175g	Mehl, Typ 405	637,6	364,4
	5g	Hefe, frisch	2,8	55,0
	2g	Fruchtzucker	8,0	400,0
1 Prs.		Salz	0,0	0,0
2 EL	30g	Tomatenpüree (Konserve)	11,8	39,5
	100g	Putenbrust, gegrillt	133,0	133,0
	40g	Rinder oder Putensalami	112,0	280,0
	100g	Champignon (Konserve)	12,4	12,4
	30g	Paprika, rot	8,6	28,7
1 Stk.	7g	Pfefferoni, scharf	2,7	38,5
	70g	Mozarella	194,6	278,0
	30g	Edamer, 30% Fett	83,6	278,7
2 EL		Pizzagewürz	—	—

Gesamtanalyse für Pizza Salami-Schinken-Champignon

Energie (kcal)	1207,2	mehrf. ung. FS (g)	3,2
Eiweiß (g)	78,3	Ballaststoffe (g)	6,5
Fett (g)	30,6	Natrium (mg)	2131,8
Kohlenhydrate (g)	135,2	Kalium (mg)	1387,6

100g Pizza Salami-Schinken-Champignon enthält

Energie (kcal)	205,0	mehrf. ung. FS (g)	0,5
Eiweiß (g)	13,3	Ballaststoffe (g)	1,1
Fett (g)	5,2	Natrium (mg)	361,9
Kohlenhydrate (g)	23,0	Kalium (mg)	235,6

1 Stück Pizza Salami-Schinken-Champignon enthält

Energie (kcal)	100,6	mehrf. ung. FS (g)	0,3
Eiweiß (g)	6,5	Ballaststoffe (g)	0,5
Fett (g)	2,6	Natrium (mg)	177,7
Kohlenhydrate (g)	11,3	Kalium (mg)	115,6

Zucker und Salz in eine Schüssel geben. Mehl durch ein Sieb dazugeben. Frische Hefe mit 40ml lauwarmen Wasser verrühren und 10–15 Minuten ziehen lassen. Die Hefe zu dem Mehl-Zucker-Salz-Gemisch geben und zu einem Teig vermischen. Den Teig auf einer mit Mehl bestreuten, glatten Arbeitsfläche verkneten. Dabei den Teig mit einem Handballen ziehen, kneten und wieder ziehen. In 10 Minuten glatt und geschmeidig kneten. Eine Kugel formen und in einer leicht geölten Schüssel abgedeckt 1 Stunde aufgehen lassen. Den Teig erneut glatt kneten. Einen ca. 24 cm Kreis ausrollen und auf einem Backblech 20 Minuten aufgehen lassen. Den Teig mit dem Tomatenpürre bestreichen. Pfefferoni in feine Ringe schneiden. Anschließend Pfefferoni-Ringe, Putenbrust, Salami, Paprika und Champignon auf dem Teig verteilen. Morazella in feine Scheiben schneiden und Edamer reiben. Auf der Pizza verteilen. Mit Pizzagewürz bestreuen und im vorgeheitzten Backofen bei 220° C 20 Minuten backen.

Kartoffelkranz

Stück	Gramm	Produkt	kcal	kcal/100g
	750g	Kartoffeln	638,8	85,2
	50g	Halbfett-Margarine	188,8	377,5
	50g	Eigelb	186,4	372,7
	100g	Edamer, gerieben, 30% Fett	278,7	278,7
2 EL	5g	Kräuter, gehackt, TK	7,1	142,6
	100g	Putenbrust, gegrillt	133,0	133,0
		Salz, Pfeffer	—	—
5 Stk	150g	Eiklar	73,9	49,3

Kartoffeln 20–25 Minuten kochen. Anschließend durch eine Kartoffelpresse drücken und abkühlen lassen. Margarine mit einem Mixer geschmeidig rühren, nach und nach das Eigelb dazugeben und alles schaumig schlagen. Edamer, Kartoffelmasse, Kräuter und Putenbrust unterrühren. Mit Salz und Pfeffer abschmecken. Eiklar steif schlagen, ca 1/3 mit dem Mixer unter die Kartoffelmasse rühren, den Rest vorsichtig mit einem Löffel oder Schneebesen unterheben. Eine Frankfurter Kranzform (22–24 cm Durchmesser) leicht einfetten und mit Semmelbrösel ausstreuen, Kartoffelmasse hineingeben und glattstreichen. Im vorgeheizten Backofen bei 200–225 C° 50–60 Minuten backen.

Wichtig: Während dem Backen die Ofentüre nicht öffnen, da sonst der Kranz zusammenfällt. Den fertigen Kranz kurze Zeit in der Form stehenlassen den Rand mit einem Messer lösen und den Kranz auf eine Platte stürzen.

Gesamtanalyse für Kartoffelkranz

Energie (kcal)	1506,6	mehrf. ung. FS (g)	11,4
Kohlenhydrate (g)	134,7	Ballaststoffe (g)	17,9
Fett (g)	53,9	Natrium (mg)	2118,0
Eiweiß (g)	92,4	Kalium (mg)	4303,7

100g Kartoffelkranz enthält

Energie (kcal)	125,0	mehrf. ung. FS (g)	0,9
Kohlenhydrate (g)	11,2	Ballaststoffe (g)	1,5
Fett (g)	4,5	Natrium (mg)	175,8
Eiweiß (g)	7,7	Kalium (mg)	357,2

Kapitel 5

Kartoffeln

Kartoffel-Omelett

Stück	Gramm	Produkt	kcal	kcal/100g
4 Stk.	400g	Kartoffeln	340,7	85,2
2 Stk.	40g	Eigelb	149,1	372,7
6 Stk.	200g	Eiklar	98,6	49,3
	200g	Zwiebeln	63,6	31,8
	150g	Putenbrust, gegrillt	199,5	133,0
		Pfeffer, Salz	—	—
1 TL		Pizzagewürz	—	333,0

Kartoffeln schälen, in kaltem Wasser aufsetzen, aufkochen und 20–25 Minuten kochen.. Anschließend abkühlen und in Würfel schneiden. Die Pute in Streifen oder Würfel schneiden und in einer antihaftbeschichteten Pfanne bei mittlerer Hitze von allen Seiten etwas anbraten. Die Zwiebeln mit den Kartoffeln dazugeben und mit etwas Wasser ablöschen. In der Zwischenzeit die Eier verquirlen, mit Salz und Pfeffer würzen, sobald das Wasser verdampft ist über die Kartoffeln gießen. Bei wenig Hitze die Eier stocken lassen. Das Omelett auf einen Teller gleiten lassen und heiß servieren.

Gesamtanalyse für Kartoffel-Omelett

Energie (kcal)	851,5	mehrf. ung. FS (g)	2,6
Kohlenhydrate (g)	83,9	Ballaststoffe (g)	15,4
Fett (g)	15,2	Natrium (mg)	1608,0
Eiweiß (g)	76,6	Kalium (mg)	3201,5

100g Kartoffel-Omelett enthält

Energie (kcal)	86,0	mehrf. ung. FS (g)	0,3
Kohlenhydrate (g)	8,4	Ballaststoffe (g)	1,6
Fett (g)	1,5	Natrium (mg)	162,4
Eiweiß (g)	7,7	Kalium (mg)	323,4

Kartoffelstrudel

Stück	Gramm	Produkt	kcal	kcal/100g
	250g	Mehl	910,9	364,4
	125ml	Wasser	—	—
	20g	Sonnenblumen-Öl	149,2	746,2
1 Stk.	55g	Hühnerei	92,5	168,2
	850g	Kartoffeln	723,9	85,2
	250g	Magerquark	190,8	76,3
	150g	Joghurt, 0,3% Fett	63,2	42,1
	100g	Zwiebeln	31,8	31,8
1 EL	1g	Majoran-Gewürz	2,8	285,2
1 TL	2g	Kümmel	7,3	363,9
		Pfeffer, Salz	—	—
	25g	Parmesan	95,8	383,0

Kartoffeln in Würfel schneiden. Zwiebel in einer antihaft-beschichteten Pfanne mit etwas Wasser dünsten. Kartoffeln dazugeben, mit Majoran, Kümmel, Parmesan, Salz und Pfeffer abschmecken. Kartoffelmasse aus der Pfanne nehmen. Quark und Joghurt mischen und vorsichtig unter die Kartoffelmasse heben. Mehl, Wasser, Öl und Ei in einer Schüssel mit dem Mixer verquirlen. Aus der Schüssel nehmen und auf einer Arbeitsplatte noch einmal zu einem glatten Teig durchkneten. Ein ausgebreitetes Küchentuch mit Mehl bestäuben, den Teig darauf dünn ausrollen, die Kartoffelmasse gleichmäßig auf dem Teig verteilen, den Teig an allen 4 Seiten hochklappen, mit Hilfe des Küchentuches aufrollen und auf ein leicht gefettetes Backblech gleiten lassen. Bei 200 °C im vorgeheizten Backofen 30–40 Minuten goldgelb backen.

Gesamtanalyse für Kartoffelstrudel

Energie (kcal)	2268,1	mehrf. ung. FS (g)	10,5
Kohlenhydrate (g)	354,0	Ballaststoffe (g)	28,8
Fett (g)	32,2	Natrium (mg)	953,8
Eiweiß (g)	101,9	Kalium (mg)	4905,4

100g Kartoffelstrudel enthält

Energie (kcal)	124,0	mehrf. ung. FS (g)	0,6
Kohlenhydrate (g)	19,4	Ballaststoffe (g)	1,6
Fett (g)	1,8	Natrium (mg)	52,2
Eiweiß (g)	5,6	Kalium (mg)	268,2

Kartoffelsuppe II

Stück	Gramm	Produkt	kcal	kcal/100g
	200g	Karotten	56,0	28,0
	200g	Lauch (oder Porree)	52,6	26,3
	200g	Kartoffeln	170,3	85,2
	75g	Zwiebeln	23,9	31,8
2 TL	10g	Instantbrühe + 1 Liter Wasser	14,8	148,0
	200g	Putenbrust mit Paprikahaut	266,0	133,0
	40–50g	Kartoffelbreipulver	171,5	343,1
		Dill, Schnittlauch, Petersilie	—	—
		Kerbel, Pfeffer, Salz	—	—

Karotten, Lauch und Kartoffeln putzen und in Scheiben (Karotten), Streifen (Lauch) und Würfel (Kartoffel) schneiden. Wasser mit dem Gemüse zum Kochen bringen und die Instantbrühe darin auflösen. Das Gemüse bei schwacher Hitze 30 Minuten zugedeckt garen. In der Zwischenzeit Zwiebeln schälen, zerhacken und mit den Kräutern zur Suppe geben. 5–10 Minuten vor Ende der Kochzeit das Kartoffelbreipulver einrühren. Die Putenbrust in Würfel schneiden und in der Suppe erwärmen. Mit den restlichen Gewürzen abschmecken.

Gesamtanalyse für Kartoffelsuppe II

Energie (kcal)	755,2	mehrf. ung. FS (g)	1,6
Eiweiß (g)	69,7	Ballaststoffe (g)	28,8
Fett (g)	4,0	Natrium (mg)	4373,5
Kohlenhydrate (g)	93,2	Kalium (mg)	3500,5

100g Kartoffelsuppe II enthält

Energie (kcal)	39,0	mehrf. ung. FS (g)	0,1
Eiweiß (g)	3,6	Ballaststoffe (g)	1,5
Fett (g)	0,2	Natrium (mg)	226,0
Kohlenhydrate (g)	4,8	Kalium (mg)	180,9

Kartoffelkuchen

Stück	Gramm	Produkt	kcal	kcal/100g
	250g	Kartoffeln	212,9	85,2
	100g	Rosinen	286,4	286,4
	2 cl	Rum, 38%	46,7	233,7
5 Stk.	100g	Eigelb	372,7	372,7
	50g	Fruchtzucker	200,0	400,0
	50g	Diabetiker-Streu-Süße	120,0	240,0
1 Prs.		Salz	—	—
	50g	Zitronat	143,5	287,1
		Zitronenschale, gerieben	3,6	35,6
		Bittermandelaroma	—	—
1 TL	5g	Zimt	13,4	267,5
6 Stk.	200g	Eiklar	98,6	49,3

Kartoffeln waschen und in Wasser zum Kochen bringen, zugedeckt etwa 30 Minuten kochen lassen, abgießen, abkühlen lassen, und anschließend warm abschälen. Anschließend die Kartoffeln zugedeckt in einer Schüssel ca. 12 Stunden stehen lassen. Danach fein reiben. Rosinen in eine Schale geben, mit Rum übergießen und 1 Stunde ziehen lassen. Eigelb mit dem Mixer schaumig schlagen, nach und nach Fruchtzucker, Diabetiker-Streu-Süße, Salz, geriebene Zitronenschale, Bittermandelaroma, Zimt, Zitronat, Rosinen und Kartoffeln dazugeben. Eiweiß steif schlagen und vorsichtig unterheben. Den Teig in eine leicht gefettete Springform (22–24 cm Durchmesser) füllen, glattstreichen, die Form auf dem Rost in die Mitte des vorgeheizten Backofens schieben und bei 180–200 C° 1 Stunde backen.

Gesamtanalyse für Kartoffelkuchen

Energie (kcal)	1492,5	mehrf. ung. FS (g)	4,7
Kohlenhydrate (g)	226,8	Ballaststoffe (g)	14,5
Fett (g)	32,6	Natrium (mg)	450,9
Eiweiß (g)	43,8	Kalium (mg)	2422,0

100g Kartoffelkuchen enthält

Energie (kcal)	179,2	mehrf. ung. FS (g)	0,6
Kohlenhydrate (g)	27,2	Ballaststoffe (g)	1,7
Fett (g)	3,9	Natrium (mg)	54,1
Eiweiß (g)	5,3	Kalium (mg)	290,8

Festtagskuchen

Stück	Gramm	Produkt	kcal	kcal/100g
	500g	Mehl Typ, 405	1821,8	364,4
1 Stk.	42g	Hefe	23,1	55,0
	400ml	Milch, 0,3% Fett	146,4	36,6
	70g	Halbfett-Margarine	264,3	377,5
	50g	Fruchtzucker	200,0	400,0
	25g	Diabetiker-Süße	60,0	240,0
1 Prs.		Salz	—	—
1 TL	5g	Zimt	13,4	267,5
1Msp.		Anis	—	360,0
	125g	Rosinen	358,0	268,4
	125g	Äpfel, getrocknet	346,0	276,8
	125g	Aprikosen, getrocknet	335,5	268,4
	125g	Pflaumen, getrocknet	358,0	286,4
	50g	Walnüsse, feingehackt	348,7	697,4

Mehl in eine Schüssel geben, in die Mitte eine Vertiefung bilden, Hefe hinein bröckeln, die Hälfte der Milch dazu gießen. Margarine in Flöckchen schneiden, Zucker, Diabetiker-Süße und die Gewürze an den Rand streuen und alles zu einem Teig zusammenkneten. Teig abgedeckt an einem warmen Ort ca. 15 Minuten gehen lassen. Dann die restliche Milch zufügen und solange kneten, bis der Teig geschmeidig ist. Anschließend nochmals abgedeckt 10 Minuten gehen lassen. Trockenfrüchte kleinschneiden, mit den Walnüssen unterkneten. In eine leicht gefettete Kastenform (30 cm) füllen und im vorgeheizten Backofen bei 200°C 50 Minuten backen.

Gesamtanalyse für Festtagskuchen

Energie (kcal)	4275,0	mehrf. ung. FS (g)	35,4
Eiweiß (g)	94,1	Ballaststoffe (g)	68,7
Fett (g)	70,3	Natrium (mg)	576,7
Kohlenhydrate (g)	751,5	Kalium (mg)	7000,0

100g Festtagskuchen enthält

Energie (kcal)	260,4	mehrf. ung. FS (g)	2,2
Eiweiß (g)	5,7	Ballaststoffe (g)	4,2
Fett (g)	4,3	Natrium (mg)	35,1
Kohlenhydrate (g)	45,8	Kalium (mg)	426,3

Kapitel 6

Kuchen & Gebäck

Himbeer-Biskuitrolle

Stück	Gramm	Produkt	kcal	kcal/100g
5 Stk.	250g	Eier	420,5	168,2
1 Prs		Salz	—	—
3 EL	30g	Wasser, heiß	—	—
	125g	Honig	395,6	316,5
	175g	Weizenmehl, Typ 550	628,4	359,1
1 TL	8g	Backpulver	8,0	100,2
	500g	Magerquark	381,6	76,3
	500g	Himbeeren, frisch oder TK	177,0	35,4
5 Stk.	150g	Eiklar	73,9	49,3
	15g	Gelatine, 8 Blatt	50,5	336,4
		Süßstoff	—	—
		Vanilleextrakt	—	—

Gesamtanalyse für Himbeer-Biskuitrolle

Energie (kcal)	2135,5	mehrf. ung. FS (g)	5,9
Eiweiß (g)	150,1	Ballaststoffe (g)	39,2
Fett (g)	32,8	Natrium (mg)	1812,0
Kohlenhydrate (g)	275,1	Kalium (mg)	2309,1

100g Himbeer-Biskuitrolle enthält

Energie (kcal)	121,8	mehrf. ung. FS (g)	0,3
Eiweiß (g)	8,6	Ballaststoffe (g)	2,2
Fett (g)	1,9	Natrium (mg)	103,4
Kohlenhydrate (g)	15,7	Kalium (mg)	131,7

Eier, Salz und heißes Wasser mit einem Handrührgerät auf höchster Stufe schaumig schlagen. Honig hinzufügen. Das Mehl mit dem Backpulver mischen und die Hälfte davon auf die Eiercreme geben und bei niedrigster Stufe unterrühren. Den Rest der Mehlmischung auf die selbe Weise unterarbeiten. Den Teig 1 cm dick auf ein mit Backtrennpapier belegtes Backblech streichen, an der offenen Seite des Bleches das Papier unmittelbar vor dem Teig zur Falte knicken, so daß ein Rand entsteht. Das Backblech in den Backofen schieben und bei 200–225°C 10–15 min. backen. Den Biskuit nach dem Backen sofort auf ein mit Fruchtzucker bestreutes Geschirrtuch stürzen. Das Backpapier mit heißem Wasser bestreichen und vorsichtig, aber schnell abziehen. Den Biskuit von der kürzeren Seite her aufrollen und erkalten lassen. In der Zwischenzeit die Himbeeren pürieren und durch ein Sieb passieren, so daß die Körner zurückbleiben. Gelatine in kaltem Wasser 5 Minuten einweichen. Himbeeren und Gelatine erwärmen, bis sich die Gelatine auflöst. Leicht erkalten lassen. Eiklar steif schlagen. Himbeermasse mit dem Quark vermengen und mit Süßstoff und Vanilleextrakt abschmekken. Anschließend den Eischnee unter die Himbeer-Quarkmasse heben. Die ausgekühlte Rolle vorsichtig auseinanderrollen, gleichmäßig mit der Himbeermasse bestreichen und wieder aufrollen.

Tip: Eventuell mit Puder- oder Traubenzucker verzieren.

Erdbeerkuchen

Stück	Gramm	Produkt	kcal	kcal/100g
2 Stk.	100g	Eier	168,2	168,2
1 EL	10g	Wasser	—	—
	25g	Fruchtzucker	100,0	400,0
	25g	Diabetiker-Zucker	60,0	240,0
	40g	Weizenmehl, Typ 550	143,6	359,1
	40g	Hirse, feingemahlen	129,3	323,2
1 TL	8g	Backpulver	8,0	100,2
	500g	Erdbeeren	162,7	32,5
	13g	Tortenguß	44,9	345,5

Gesamtanalyse für Erdbeerkuchen

Energie (kcal)	814,7	mehrf. ung. FS (g)	3,5
Eiweiß (g)	23,4	Ballaststoffe (g)	17,6
Fett (g)	14,8	Natrium (mg)	870,5
Kohlenhydrate (g)	135,0	Kalium (mg)	1121,2

100g Erdbeerkuchen enthält

Energie (kcal)	107,3	mehrf. ung. FS (g)	0,5
Eiweiß (g)	3,1	Ballaststoffe (g)	2,3
Fett (g)	2,0	Natrium (mg)	114,7
Kohlenhydrate (g)	17,8	Kalium (mg)	147,7

1 Stück Erdbeerkuchen enthält

Energie (kcal)	67,9	mehrf. ung. FS (g)	0,3
Eiweiß (g)	2,0	Ballaststoffe (g)	1,5
Fett (g)	1,2	Natrium (mg)	72,5
Kohlenhydrate (g)	11,3	Kalium (mg)	93,4

Für den Teig die Eier trennen. Das Eiklar mit dem Wasser zu einem sehr steifen Schnee schlagen. Frucht- und Diabetiker-Zucker dazugeben und schlagen bis der Eischnee glänzt. Die beiden Eigelb nacheinander unterrühren. Die beiden Mehlsorten mit dem Backpulver gemischt auf den Eischnee sieben. Alles mit einem Schneebesen vorsichtig unterheben, bis sich die Zutaten zu einer cremigen, luftigen Masse verbunden haben. Wichtig: Dabei nicht zu kräftig rühren, sonst entweicht die Luft teilweise wieder aus der Masse, und der Biskuit könnte nicht richtig aufgehen. Eine Obstbodenform (26 cm Durchmesser) leicht einfetten und den Teig darin glattstreichen. Die Form auf den Rost im kalten Backofen schieben und bei 180°C 35 Minuten backen. Anschließend auf ein Gitter stürzen und erkalten lassen. In der Zwischenzeit die Erdbeeren waschen und halbieren, auf dem Obstboden verteilen. Tortenguß nach Herstellerangaben zubereiten und über die Erdbeeren füllen bzw. verteilen.

Tip: Um das Eindringen des Obstsaftes in den Biskuitteig zu verhindern, ist es ratsam, vor der Obstauflage den Boden mit verrührter Konfitüre oder etwas Himbeermousse (siehe Himbeer-Biskuitrolle) zu bestreichen.

Zwetschkenkuchen

Stück	Gramm	Produkt	kcal	kcal/100g
	200g	Weizenmehl, Typ 550	718,2	359,1
	20g	Hefe, frisch	11,0	55,0
2 EL	15g	Wasser, lauwarm	—	—
	100ml	Milch, 0,3% Fett	36,6	36,6
	50g	Magerquark	38,2	76,3
	50g	Halbfett-Margarine	188,8	377,5
	10g	Honig	31,7	316,5
1 Prs.		Salz	—	—
	750g	Zwetschken, entsteint	428,8	57,2
	75g	Pflaumenmus	164,5	219,4
	25g	Fruchtzucker	100,0	400,0
		Candarel	—	—

Gesamtanalyse für Zwetschkenkuchen

Energie (kcal)	1717,7	mehrf. ung. FS (g)	9,8
Eiweiß (g)	39,3	Ballaststoffe (g)	21,2
Fett (g)	24,1	Natrium (m)	300,6
Kohlenhydrate (g)	308,4	Kalium (mg)	2530,4

100g Zwetschkenkuchen enthält

Energie (kcal)	132,6	mehrf. ung. FS (g)	0,8
Eiweiß (g)	3,0	Ballaststoffe (g)	1,6
Fett (g)	1,9	Natrium (mg)	23,2
Kohlenhydrate (g)	23,8	Kalium (mg)	195,4

1 Stück Zwetschkenkuchen enthält

Energie (kcal)	143,1	mehrf. ung. FS (g)	0,8
Eiweiß (g)	3,3	Ballaststoffe (g)	1,8
Fett (g)	2,0	Natrium (mg)	25,05
Kohlenhydrate (g)	25,7	Kalium (mg)	210,9

Hefe im lauwarmen Wasser auflösen, mit Mehl, Milch, Honig, Quark und Salz zu einem elastischen, formbaren Teig verkneten, etwa 1 Stunde zugedeckt an einem warmen Ort gehen lassen. In der Zwischenzeit die Zwetschken waschen, oben kreuzweise einschneiden, halbieren und entsteinen. Den Teig nochmals gut durchkneten, rund ausrollen und eine leicht eingefettete Springform (26 cm Durchmesser) so mit dem Teig auslegen, daß ein etwa 2 cm hoher Rand entsteht. Schuppenförmig mit den Zwetschgen belegen, nochmals an einem warmen Ort so lange gehen lassen, bis sich der Teig sichtbar vergrößert hat. Die Form auf ein Rost in den vorgeheizten Backofen schieben und bei 200°C 30 Minuten backen. Anschließend mit dem Fruchtzucker und etwas Candarel (Candarel nicht auf den heißen Kuchen geben) nach Geschmack bestreuen.

Tip: Statt Fruchtzucker und Candarel können Sie 3 EL Aprikosen-Konfitüre (mit Honig oder Süßstoff gesüßt) durch eine Sieb streichen, erhitzen und die Torte sofort nach dem Backen damit bestreichen.

Kokos-Muffins

Stück	Gramm	Produkt	kcal	kcal/100g
	150g	Weizen Mehl, Typ 405	546,5	364,4
	100g	Vollkornmehl	334,0	334,0
1 EL	10g	Backpulver	10,0	100,2
1 TL	4g	Zimt	10,4	267,5
	8g	Vanille-Zucker	31,6	395,5
2 cl	10g	Rum, 38%	23,4	233,7
	100g	Kokos-Raspel	369,4	369,4
	25g	Diabetiker-Zucker	60,0	240,0
	25g	Fruchtzucker	100,0	400,0
3 Stk.	100g	Eiklar	49,3	49,3
	250ml	Milch, 0,3 % Fett	91,5	36,6
		Bittermandelaroma	—	—

Gesamtanalyse für Kokos-Muffins

Energie (kcal)	1919,8	mehrf. ung. FS (g)	2,9
Eiweiß (g)	52,7	Ballaststoffe (g)	29,9
Fett (g)	40,8	Natrium (mg)	2377,3
Kohlenhydrate (g)	306,3	Kalium (mg)	2259,0

100g Kokos-Muffins enthält

Energie (kcal)	201,0	mehrf. ung. FS (g)	0,2
Eiweiß (g)	5,2	Ballaststoffe (g)	2,6
Fett (g)	4,9	Natrium (mg)	300,9
Kohlenhydrate (g)	31,1	Kalium (mg)	241,9

1 Stück Kokos-Muffins enthält

Energie (kcal)	160,0	mehrf. ung. FS (g)	0,2
Eiweiß (g)	4,4	Ballaststoffe (g)	2,5
Fett (g)	3,4	Natrium (mg)	198,1
Kohlenhydrate (g)	25,5	Kalium (mg)	188,3

Mehl, Diabetiker-Zucker, Fruchtzucker, Backpulver, Zimt, Mark der Vanilleschote und Kokos-Raspel mit einem Löffel gut mischen. Eiklar steif schlagen. Milch, Bittermandelaroma und Rum mit den trockenen Zutaten verrühren, den Eischnee vorsichtig unter die Teigmischung heben. Den Teig in eine leicht gefettete Muffinform (Form mit 6 Muffins oder Form mit 12 Muffins) oder in kleine Papierförmchen geben. Bei 180–200°C im vorgeheizten Backofen 25 Minuten backen.

Gefüllte Muffins

Stück	Gramm	Produkt	kcal	kcal/100g
	275g	Mehl, Typ 405	1002,0	364,4
	50g	Fruchtzucker	200,0	400,0
1 EL	10g	Backpulver	10,0	100,2
	4g	Natron	4,0	100,2
	50g	Halbfett-Margarine	188,8	377,5
1 Stk.	55g	Ei	92,5	168,2
	300g	Joghurt, 0,3% Fett	126,3	42,1
	60ml	Milch, 0,3% Fett	22,0	36,6
1 Stk.		Vanilleschote	—	267,5
	100g	Diabetiker-Marmelade	84,6	84,6

Gesamtanalyse für Gefüllte Muffins

Energie (kcal)	1730,1	mehrf. ung. FS (g)	10,1
Eiweiß (g)	52,3	Ballaststoffe (g)	7,1
Fett (g)	29,3	Natrium (mg)	2146,1
Kohlenhydrate	291,0	Kalium (mg)	1158,2

100g Gefüllte Muffins enthält

Energie (kcal)	191,4	mehrf. ung. FS (g)	1,1
Eiweiß (g)	5,8	Ballaststoffe (g)	0,8
Fett (g)	3,2	Natrium (mg)	237,4
Kohlenhydrate (g)	32,2	Kalium (mg)	128,1

1 Stück Gefüllte Muffins enthält

Energie (kcal)	144,2	mehrf. ung. FS (g)	0,8
Eiweiß (g)	4,3	Ballaststoffe (g)	0,6
Fett (g)	2,4	Natrium (mg)	178,8
Kohlenhydrate (g)	24,3	Kalium (mg)	96,5

Den Ofen auf 180 °C vorheizen. Die 12 Vertiefungen der Muffinform mit Backspray leicht einfetten. Mehl in eine Schüssel sieben und mit den restlichen trockenen Zutaten gut vermengen. Die Margarine zerlassen und mit dem Ei gut verrühren. Anschließend das Mark der Vanilleschote (Schote der Länge nach aufschlitzen und das Mark mit einem Messerrücken heraus kratzen), Joghurt und Milch dazugeben und das Ganze gründlich verrühren. Die Mehlmischung nach und nach dazugeben und so lange verrühren, bis das Mehl untergearbeitet und ein glatter Teig entstanden ist. Die Hälfte des Teiges gleichmäßig in die Muffinförmchen verteilen, so daß diese halb gefüllt sind. Jeweils 1 Teelöffel Marmelade auf die Mitte der Teigfüllung geben und mit dem restlichen Teig bedecken. Die gefüllten Muffins auf der mittleren Schiene 15–20 Minuten backen, bis die Muffins leicht bräunlich gefärbt sind.

Nougat-Muffins

Stück	Gramm	Produkt	kcal	kcal/100g
	280g	Mehl, Typ 405	1002,0	364,4
	50g	Fruchtzucker	200,0	400,0
	50g	Diabetiker-Zucker	120,0	240,0
	17g	Backpulver	17,0	100,2
	8g	Vanille-Zucker	31,6	395,5
	50g	Halbfett-Margarine	188,8	377,5
1 Stk.	33g	Eiklar	16,3	49,3
	300g	Buttermilch	109,1	36,4
	50g	Back-Nuß-Nougat	224,9	449,8

Gesamtanalyse für Nougat-Muffins

Energie (kcal)	1909,6	mehrf. ung. FS (g)	10,1
Eiweiß (g)	52,6	Ballaststoffe (g)	10,0
Fett (g)	33,5	Natrium (mg)	2524,9
Kohlenhydrate (g)	328,5	Kalium (mg)	1248,7

100g Nougat-Muffins enthält

Energie (kcal)	229,2	mehrf. ung. FS (g)	1,2
Eiweiß (g)	6,3	Ballaststoffe (g)	1,2
Fett (g)	4,0	Natrium (mg)	303,1
Kohlenhydrate (g)	39,4	Kalium (mg)	149,9

1 Stück Nougat-Muffins enthält

Energie (kcal)	159,1	mehrf. ung. FS (g)	0,8
Eiweiß (g)	4,4	Ballaststoffe (g)	0,8
Fett (g)	2,8	Natrium (mg)	210,4
Kohlenhydrate (g)	27,4	Kalium (mg)	104,1

Den Ofen auf 180 °C vorheizen. Die 12 Vertiefungen einer Muffinform mit Backspray leicht einfetten. Mehl in eine Schüssel sieben und mit den restlichen trockenen Zutaten gut vermengen. Die Margarine zerlassen und mit dem Eiklar und der Buttermilch mixen (Tip: Am besten mit einem Pasierstab). Anschließend das Mark der Vanilleschote (Schote der Länge nach aufschlitzen und das Mark mit einem Messerrücken herauskratzen), dazugeben und gründlich mit einem Mixer verrühren. Über die Mehlmischung geben und so lange verrühren, bis das Mehl untergearbeitet ist. Die Hälfte des Teiges gleichmäßig in die Muffinförmchen verteilen, so daß diese halb gefüllt sind. Jeweils 1 Würfel Nougat auf die Mitte der Teigfüllung geben und dann das Ganze mit dem restlichen Teig bedecken. Die gefüllten Muffins auf der mittleren Schiene 20–25 Minuten backen, bis die Muffins leicht bräunlich gefärbt sind.

Käse-Muffins

Stück	Gramm	Produkt	kcal	kcal/100g
	275g	Mehl, Typ 405	1002,0	364,4
	50g	Putenbrust, geräuchert	66,5	133,0
	50g	Edamer, gerieben, 30% Fett	139,4	278,7
1 EL	25g	Fruchtzucker	100,0	400,0
	17g	Backpulver	17,0	100,2
		Salz	—	—
	50ml	Halbfett-Margarine, flüssig	188,8	377,5
1 Stk.	50g	Ei	84,1	168,2
	50g	Eiklar	24,6	49,3
	200g	Buttermilch	72,7	36,4
		Paprikapulver, edelsüß	—	320,1

Gesamtanalyse für Käse-Muffins

Energie (kcal)	1695,1	mehrf. ung. FS (g)	10,5
Eiweiß (g)	74,3	Ballaststoffe (g)	6,1
Fett (g)	37,9	Natrium (mg)	3291,5
Kohlenhydrate (g)	239,3	Kalium (mg)	1019,0

100g Käse-Muffins enthält

Energie (kcal)	221,0	mehrf. ung. FS (g)	1,4
Eiweiß (g)	9,7	Ballaststoffe (g)	0,8
Fett (g)	4,9	Natrium (mg)	429,1
Kohlenhydrate (g)	31,2	Kalium (mg)	132,9

1 Stück Käse-Muffins enthält

Energie (kcal)	141,3	mehrf. ung. FS (g)	0,9
Eiweiß (g)	6,2	Ballaststoffe (g)	0,5
Fett (g)	3,2	Natrium (mg)	274,3
Kohlenhydrate (g)	19,9	Kalium (mg)	84,9

Den Backofen auf 200°C vorheizen. Putenbrust in kleine Würfel schneiden. Das Mehl in eine Schüssel sieben, Fruchtzucker, Backpulver und Salz zugeben und alles sorgfältig miteinander vermischen. Margarine im Wasserbad oder der Mikrowelle schmelzen und in eine große Schüssel geben. Das Ei und die Buttermilch unterrühren. Die Mehlmischung eßlöffelweise dazugeben und das Ganze langsam verrühren, bis das Mehl untergearbeitet und ein glatter Teig entstanden ist. Am Ende den Edamer und die Putenbrust unterheben. Die 12 Vertiefungen der Muffinform leicht einfetten den Teig gleichmäßig darin verteilen und auf der mittleren Schiene 20–25 Minuten goldbraun backen. Vor dem Servieren die Muffins mit etwas Paprika bestreuen.

Mocca-Muffins

Stück	Gramm	Produkt	kcal	kcal/100g
	280g	Mehl, Typ 405	1020,2	364,4
	100g	Fruchtzucker	400,0	400,0
	50g	Diabetiker-Zucker	120,0	240,0
	7g	Instantkaffee	6,7	95,9
	17g	Backpulver	17,0	100,2
	7g	Zimt	18,7	267,5
1 Prs.		Salz	—	—
	50g	Halbfett-Margarine	188,8	377,5
1 Stk.	50g	Ei	84,1	168,2
	100g	Buttermilch	36,4	36,4
	150g	Joghurt, 0,3% Fett	63,2	42,1
	50ml	Kaffee, kalt	1,1	2,2

Gesamtanalyse für Mocca-Muffins

Energie (kcal)	1956,1	mehrf. ung. FS (g)	10,1
Eiweiß (g)	47,8	Ballaststoffe (g)	13,0
Fett (g)	29,3	Natrium (mg)	2445,9
Kohlenhydrate (g)	353,6	Kalium (mg)	1138,0

100g Mocca-Muffins enthält

Energie (kcal)	227,2	mehrf. ung. FS (g)	1,2
Eiweiß (g)	5,5	Ballaststoffe (g)	1,5
Fett (g)	3,4	Natrium (mg)	284,1
Kohlenhydrate (g)	41,1	Kalium (mg)	132,2

1 Stück Mocca-Muffins enthält

Energie (kcal)	163,0	mehrf. ung. FS (g)	0,8
Eiweiß (g)	4,0	Ballaststoffe (g)	1,1
Fett (g)	2,4	Natrium (mg)	203,8
Kohlenhydrate (g)	29,5	Kalium (mg)	94,8

Den Backofen auf 180°C vorheizen. Mehl, Fruchtzucker, Diabetiker-Süße, Kaffeepulver, Backpulver, Zimt, Salz (nicht unbedingt erforderlich) gut miteinander vermischen. Halbfett-Margarine, Ei, Buttermilch, Joghurt und kalten Kaffee mixen. Anschließend die flüssigen Zutaten über die trockenen geben und auf höchster Stufe mit dem Mixer vermengen. Die 12 Vertiefungen der Muffinform leicht einfetten, den Teig gleichmäßig darin verteilen und auf der mittleren Schiene 20–25 Minuten goldbraun backen. Vor dem Servieren die Muffins mit etwas Puderzucker bestreuen.

Hutzelbrot

Stück	Gramm	Produkt	kcal	kcal/100g
	250g	Pflaumen, getrocknet	715,9	286,4
	250g	Birnenschnitze, getrocknet	705,3	282,1
	250g	Feigen, getrocknet	722,5	289,0
	500g	Mehl, Typ 405	1821,8	364,4
	20g	Hefe, frisch	11,0	55,0
1 TL	10g	Fruchtzucker	40,00	400,0
	50g	Diabetiker-Zucker	120,0	240,0
	75g	Fruchtzucker	300,0	400,0
	60g	Orangeat	182,2	303,6
	60g	Zitronat	172,2	287,1
	100g	Haselnüsse, grob gehackt	681,6	681,6
	125g	Roggenflocken, grob gemahlen	396,2	317,0
	250g	Rosinen	715,9	286,4
1 TL	5g	Zimt	13,4	267,5
1 TL		Anis	4,0	360,0
		Salz	—	—

Gesamtanalyse für Hutzelbrot

Energie (kcal)	6601,5	mehrf. ung. FS (g)	15,7
Eiweiß (g)	115,8	Ballaststoffe (g)	136,0
Fett (g)	81,7	Natrium (mg)	165,3
Kohlenhydrate (g)	1261,4	Kalium (mg)	11128,1

100g Hutzelbrot enthält

Energie (kcal)	329,1	mehrf. ung. FS (g)	0,8
Eiweiß (g)	5,8	Ballaststoffe (g)	6,8
Fett (g)	4,1	Natrium (mg)	8,2
Kohlenhydrate (g)	62,9	Kalium (mg)	554,7

Pflaumen, Birnenschnitze und Feigen in kleine Würfel schneiden und über Nacht in 1 Liter Wasser einweichen. Das Einweichwasser aufheben. Mehl in eine Schüssel sieben und eine kleine Mulde in die Mitte des Mehlhäufchens eindrücken. Hefe in die Mulde bröckeln, mit 1 TL Fruchtzucker und etwas Einweichwasser verrühren und 15 Minuten gehen lassen. Fruchtzucker und Diabetiker-Zucker dazu geben und zu einem Teig verkneten. Nach und nach die gewürfelten Trockenfrüchte sowie das Orangeat, Zitronat, Nüsse, Roggenflocken, Rosinen, Zimt, Anis und Salz darunterkneten. Den Teig mit etwas Mehl bestäuben und gehen lassen. Nochmals durchkneten, einen Brotlaib formen und auf ein leicht gefettetes und mit Mehl bestreutes Backblech setzen. Wiederholt ein paar Stunden gehen lassen und dann 50 Minuten bei 225°C backen. Anschließend das warme Brot noch einmal mit Einweichwasser bestreichen.

Spitzkuchen

Stück	Gramm	Produkt	kcal	kcal/100g
	175g	Diabetiker-Honig	560,0	320,0
	50g	Fruchtzucker	200,0	400,0
	50g	Halbfett-Margarine	188,8	377,5
	250g	Mehl, Typ 550	897,7	359,1
2 TL	10g	Backpulver	10,0	100,2
1 EL	25g	Carobpulver	42,5	170,0
	3g	Zimt	8,0	267,5
je	1 Msp.	Kardamon, Muskat, Piment	—	—
2 EL	50g	Diabetiker-Johannisbeergelee	47,3	94,5

Gesamtanalyse für Spitzkuchen

Energie (kcal)	1954,3	mehrf. ung. FS (g)	9,4
Eiweiß (g)	28,4	Ballaststoffe (g)	16,6
Fett (g)	23,0	Natrium (mg)	1394,2
Kohlenhydrate (g)	391,0	Kalium (mg)	477,4

100g Spitzkuchen enthält

Energie (kcal)	318,8	mehrf. ung. FS (g)	1,5
Eiweiß (g)	4,6	Ballaststoffe (g)	2,7
Fett (g)	3,8	Natrium (mg)	227,4
Kohlenhydrate (g)	63,8	Kalium (mg)	77,9

1 Stück Spitzkuchen enthält

Energie (kcal)	43,4	mehrf. ung. FS (g)	0,2
Eiweiß (g)	0,6	Ballaststoffe (g)	0,4
Fett (g)	0,5	Natrium (mg)	31,0
Kohlenhydrate (g)	8,7	Kalium (mg)	10,6

Honig, Zucker und Fett bei kleiner Hitze erwärmen, bis das Fett geschmolzen ist. Mehl, Backpulver, Carob und Gewürze in einer Schüssel mischen. Abgekühlte Honigmischung dazu gießen und alles mit dem Knethacken des Handrührers verkneten. Aus dem Teig drei Rollen (2 cm Durchmesser) formen und etwa eine Stunde kalt stellen. Teigrollen auf ein mit Backpapier ausgelegtes Backblech legen. In den Backofen schieben und bei 175°C 25–35 Minuten backen. Jede Rolle zickzackförmig so aufschneiden, daß jeweils 15 Dreiecke entstehen. Johannisbeergelee glatt rühren. Dreiecke aufschneiden und den Boden mit Gelee bestreichen, eventuell den noch warmen Deckel dünn bestreichen.

Tip für Feinschmecker: 200g Kakaoglasur im Wasserbad schmelzen. Spitzkuchen mit der Glasur überziehen und trocknen lassen.

Mutter's Kartoffel-Lebkuchen

Stück	Gramm	Produkt	kcal	kcal/100g
6 Stk.	200g	Eiklar	98, 6	49,3
	250g	Fruchtzucker	1000,0	400,0
	150g	Diabetiker-Zucker	300,0	240,0
	200g	Haselnüsse, gemahlen	1363,2	681,6
	50g	Mandeln, gemahlen	308,3	616,5
	200g	Reis, gemahlen	734,0	367,0
2 EL	20g	Zitronensaft	7,1	287,1
3 EL	40g	Zitronat	114,8	287,1
2Msp.		Nelken, gemahlen	—	418,2
	10g	Zimt	26,7	267,5
2 Stk.	320g	Kartoffeln	272,5	85,2
3 EL	35g	Mehl, Typ 405	127,5	364,4
	17g	Backpulver	100,2	100,2

Gesamtanalyse für Mutter's Kartoffel-Lebkuchen

Energie (kcal)	4433,9	mehrf. ung. FS (g)	19,3
Eiweiß (g)	82,3	Ballaststoffe (g)	35,0
Fett (g)	154,1	Natrium (mg)	2424,1
Kohlenhydrate (g)	639,4	Kalium (mg)	3736,1

100g Mutter's Kartoffel-Lebkuchen enthält

Energie (kcal)	297,0	mehrf. ung. FS (g)	1,3
Eiweiß (g)	5,5	Ballaststoffe (g)	2,3
Fett (g)	10,3	Natrium (mg)	162,4
Kohlenhydrate (g)	42,8	Kalium (mg)	250,2

1 Stück Mutter's Kartoffel-Lebkuchen enthält

Energie (kcal)	147,8	mehrf. ung. FS (g)	0,64
Eiweiß (g)	2,7	Ballaststoffe (g)	1,2
Fett (g)	5,1	Natrium (mg)	80,8
Kohlenhydrate (g)	21,3	Kalium (mg)	124,5

Eiklar mit Frucht- und Diabetiker-Zucker schaumig schlagen. Kartoffeln kochen und fein reiben. Den Reis (Langkorn- oder Rundkornreis) in einer Kaffeemühle mahlen (eventuell den Reis im Reformhaus oder Naturkost-Fachgeschäft kaufen und dort vom Verkäufer mahlen lassen). Jetzt alle Zutaten nach und nach in die Eiklar-Zuckermasse einrühren. Die Lebkuchenmasse dick auf Obladen (70 mm Durchmesser) streichen und auf ein mit Backpapier ausgelegtes Blech legen. Im vorgeheizten Backofen bei 150°C 20–30 Minuten (Elektroherd) bzw. 30–35 Minuten (Umluftherd) backen.

Tip: Heiß mit Johannisbeer-Marmelade einstreichen. Oder nach dem Erkalten mit Schoko- bzw. Haselnußguß überziehen oder mit Puderzuk-ker bestäuben.

Basler Leckerli

Stück	Gramm	Produkt	kcal	kcal/100g
	50g	Zitronat	143,5	287,1
	50g	Orangeat	151,8	303,6
	250g	Diabetiker-Honig	800,0	320,0
	50g	Fruchtzucker	200,0	400,0
	50g	Diabetiker-Zucker	120,0	240,0
	250g	Mehl, Typ 405	910,9	364,4
1 TL	6g	Backpulver	6,0	100,2
	50g	Haselnüsse, gehackt	340,8	681,6
	50g	Rosinen	143,2	286,4
1/2TL		Nelken, gemahlen	—	418,2
1 TL	5g	Zimt	—	267,5

Gesamtanalyse für Basler Leckerli

Energie (kcal)	2816,2	mehrf. ung. FS (g)	4,8
Eiweiß (g)	34,9	Ballaststoffe (g)	14,3
Fett (g)	34,0	Natrium (mg)	738,0
Kohlenhydrate (g)	570,7	Kalium (mg)	1027,3

100g Basler Leckerli enthält

Energie (kcal)	336,9	mehrf. ung. FS (g)	0,6
Eiweiß (g)	4,2	Ballaststoffe (g)	14,3
Fett (g)	4,1	Natrium (mg)	88,3
Kohlenhydrate (g)	68,3	Kalium (mg)	122,9

1 Stück Basler Leckerli enthält

Energie (kcal)	117,3	mehrf. ung. FS (g)	0,2
Eiweiß (g)	1,5	Ballaststoffe (g)	0,6
Fett (g)	1,4	Natrium (mg)	30,8
Kohlenhydrate (g)	23,8	Kalium (mg)	42,8

Zitronat und Orangeat sehr fein würfeln. Honig, Zucker und drei Eßlöffel Wasser erwärmen, bis der Zucker gelöst ist. Mehl, Backpulver, Zitronat, Orangeat, Nüsse, Nelkenpulver und Zimt in einer Schüssel mischen. Honigmischung dazu gießen und mit den Knethaken des Handrührers verkneten. Den Teig auf einem mit Backpapier ausgelegten Blech (33cm x 33cm) glatt verstreichen. Im vorgeheizten Backofen bei 200°C (Elektroherd) oder 170°C (Umluftherd) 20–25 Minuten backen. Kuchen in 7x4 cm Stücke schneiden. Auskühlen lassen.

Tip für Feinschmecker: Teig mit 2 cl (38%) Rum abschmecken.

Früchtestollen

Stück	Gramm	Produkt	kcal	kcal/100g
	300g	Rosinen	859,1	286,4
	120g	Korinthen	343,6	286,4
	100g	Orangeat	303,6	303,6
	100g	Zitronat	287,1	287,1
6 EL		Rum	46,7	233,7
	500g	Mehl	1821,8	364,4
3Päck.		Trockenhefe	34,1	227,0
	75g	Fruchtzucker	300,0	400,0
1 Stk.	50g	Hühnerei	84,1	168,2
	150g	Halbfett-Margarine	566,3	377,5
	125ml	Milch, 0,3% Fett	45,8	36,6
		Vanillearoma	—	—

Gesamtanalyse für Früchtestollen

Energie (kcal)	4692,1	mehrf. ung. FS (g)	27,8
Eiweiß (g)	79,6	Ballaststoffe (g)	45,3
Fett (g)	73,1	Natrium (mg)	858,0
Kohlenhydrate (g)	867,4	Kalium (mg)	4550,1

100g Früchtestollen enthält

Energie (kcal)	301,7	mehrf. ung. FS (g)	1,8
Eiweiß (g)	5,1	Ballaststoffe (g)	2,9
Fett (g)	4,7	Natrium (mg)	55,2
Kohlenhydrate (g)	55,8	Kalium (mg)	292,6

Rosinen, Korinthen, Orangeat, Zitronat und Rum mischen. Zugedeckt über Nacht stehenlassen. Mehl mit Trockenhefe und Zucker mischen. Ei, Vanillearoma, weiche Margarine und lauwarme Milch zufügen. Zuerst mit dem Knethaken des Handrührers, danach mit den Händen zu einem glatten Teig verarbeiten. Zugedeckt an einem warmen Ort mindestens eine Stunde gehen lassen. Früchtemischung unterkneten. Den Teig zu einem Rechteck von 20x30 cm ausrollen. Die eine Teigseite zu etwa Dreiviertel über die andere schlagen und mit der Handkante zu einem Stollen formen. Oder den Teig in eine gefettete Stollenform drücken. Stollen auf ein gefettetes Backblech legen und noch etwa 20 Minuten gehen lassen. Blech in den Backofen schieben, auf 175°C (Elektroherd) oder 150°C (Umluft) 60–70 Minuten backen.

Tip: Stollen mit Puderzucker bestäuben.

Roggenflocken-Makronen

Stück	Gramm	Produkt	kcal	kcal/100g
	350g	Roggenflocken	1109,4	317,0
	150g	Fruchtzucker	600,0	400,0
	100g	Diabetiker-Zucker	240,0	240,0
3 Stk.	150g	Eier	252,3	168,2
	40g	Halbfett-Margarine	151,0	377,5
		Milch,0,3% Fett	9,2	36,6
	17g	Backpulver	17,0	100,2
5	Tropfen	Bittermandelöl	—	—

Roggenflocken, Zucker, Eier, Margarine, Milch, Backpulver und Bittermandelöl zu einem Teig verarbeiten. Backblech fetten, kleine Teighaufen auf Oblaten setzten und bei mäßiger Hitze goldbraun backen.

Gesamtanalyse für Roggenflocken-Makronen

Energie (kcal)	2378,9	mehrf. ung. FS (g)	11,8
Eiweiß (g)	55,7	Ballaststoffe (g)	46,3
Fett (g)	39,8	Natrium (mg)	2412,5
Kohlenhydrate (g)	425,2	Kalium (mg)	2029,8

100g Roggenflocken-Makronen enthält

Energie (kcal)	285,9	mehrf. ung. FS (g)	1,4
Eiweiß (g)	6,7	Ballaststoffe (g)	5,6
Fett (g)	4,8	Natrium (mg)	290,0
Kohlenhydrate (g)	51,1	Kalium (mg)	244,0

Weizenvollkornbrot

(Rezept von Anneliese Lang, 91785 Pleinfeld)

Stück	Gramm	Produkt	kcal	kcal/100g
	500ml	Buttermilch	181,8	36,4
	450g	Weizenvollkornmehl	1502,9	334,0
	42g	Hefe, frische	23,1	55,0
1 Prs.		Salz	—	—
	100g	25g/Sonnenblumekerne, 25g/Sesam, 50g/Leinsamen	547,7	547,7
1 TL		Kümmel, gemahlen	3,6	363,9
1 TL		Koriander, gemahlen	3,2	318,4

Die Hefe in der lauwarmen Buttermilch auflösen und mit den restlichen Zutaten 10 Minuten zu einem festen Teig verkneten. Den Teig 30 Minuten gehen lassen und anschließend erneut 10 Minuten durchkneten. Anschließend den Teig zu einem Laib formen und in eine gefettete Kastenform legen. Nochmals gehenlassen, bis sich der Laib deutlich vergrößert hat (etwa 1 Stunde). Dann bei 220°C 50–60 Minuten backen.

Gesamtanalyse für Weizenvollkornbrot

Energie (kcal)	2262,4	mehrf. ung. FS (g)	26,9
Kohlenhydrate (g)	312,2	Ballaststoffe (g)	53,4
Fett (g)	54,0	Natrium (mg)	764,4
Eiweiß (g)	100,3	Kalium (mg)	3157,8

100g Weizenvollkornbrot enthält

Energie (kcal)	206,6	mehrf. ung. FS (g)	2,5
Kohlenhydrate (g)	28,5	Ballaststoffe (g)	4,9
Fett (g)	4,9	Natrium (mg)	69,8
Eiweiß (g)	9,2	Kalium (mg)	288,4

Apfelmus-Kuchen

Stück	Gramm	Produkt	kcal	kcal/100g
	275g	Mehl, Typ 405	1002,0	364,4
1 TL	8g	Natron	8,0	100,2
1 TL	8g	Backpulver	8,0	100,2
1 Prs.		Salz	0,0	0,0
2 TL	5g	Zimt	13,4	267,5
1/4TL		Muskatnuß, gerieben	—	538,5
	50g	Halbfett-Margarine	188,8	377,5
	250g	Apfelmus	120,0	48,0
	150g	Fruchtzucker	600,0	400,0
1 Stk.	55g	Ei	92,5	168,2
3 EL	20g	Milch, 0,3% Fett	7,3	36,6
	50g	Eiklar	24,6	49,3

Gesamtanalyse für Apfelmus-Kuchen

Energie (kcal)	2065,6	mehrf. ung. FS (g)	10,1
Kohlenhydrate (g)	385,2	Ballaststoffe (g)	7,3
Fett (g)	29,2	Natrium (mg)	2389,8
Eiweiß (g)	42,6	Kalium (mg)	497,0

1 Stück Apfelmus-Kuchen enthält

Energie (kcal)	137,7	mehrf. ung. FS (g)	0,7
Kohlenhydrate (g)	25,7	Ballaststoffe (g)	0,5
Fett (g)	1,9	Natrium (mg)	159,3
Eiweiß (g)	2,8	Kalium (mg)	33,1

Den Ofen auf 180 °C vorheizen. Eine Kastenform (23 cm) mit Sprühfett leicht einfetten. Das Mehl in eine Schüssel sieben. Natron, Backpulver, Salz, Zimt und Muskatnuß dazugeben und alles miteinander vermischen. Die Margarine zerlassen und in eine große Schüssel geben. Apfelmus, Zucker, Ei, Milch hinzufügen und das Ganze verrühren. Anschließend die Mehlmischung nach und nach zu der Apfelmus-Mischung und langsam miteinander verrühren. Zuletzt das Eiklar steif schlagen und auf kleinster Stufe kurz unterrühren. Den Teig in die Form geben und auf der mittleren Schiene 50–55 Minuten backen.

Tip für Feinschmecker: Sie können zusätzlich 100g gehackte Hasel- oder Walnüsse unter den Kuchen heben. Dies verleiht dem Kuchen ein einzigartiges Aroma und einen vorzüglichen Geschmack. Selbstverständlich verändern sich dadurch die Nährwerte (vor allem der Fettgehalt) des Kuchens.

Erdbeer-Quarkcreme

Stück	Gramm	Produkt	kcal	kcal/100g
	250g	Magerquark	190,8	76,3
	50–100g	Erdbeeren	32,5	32,5
	50g	Eiklar	24,6	49,3
	20g	Vanille-Puddingpulver	69,8	349,0
	5ml	Zitronensaft	1,8	35,6
		Süßstoff	—	—
		Vanillearoma	—	—

Erdbeeren mit einem Mixstab pürieren und mit den restlichen Zutaten in ein hohes Gefäß geben. Anschließend auf höchster Stufe cremig schlagen. Creme in eine Glasschale füllen und kalt stellen.

Tip: Paßt sehr gut zu Crepes oder Pfannkuchen.

Gesamtanalyse für Erdbeer-Quarkcreme

Energie (kcal)	319,5	mehrf. ung. FS (g)	0,3
Eiweiß (g)	38,3	Ballaststoffe (g)	2,2
Fett (g)	1,0	Natrium (mg)	257,3
Kohlenhydrate (g)	32,1	Kalium (mg)	491,5

100g Erdbeer-Quarkcreme enthält

Energie (kcal)	75,2	mehrf. ung. FS (g)	0,1
Eiweiß (g)	9,0	Ballaststoffe (g)	0,5
Fett (g)	0,2	Natrium (mg)	60,5
Kohlenhydrate (g)	7,6	Kalium (mg)	115,6

Kapitel 7

Quark-
&
Mehlspeisen

Ananas-Quarktorte

Rezept von Martina Jarrath, Gevelsberg

Stück	Gramm	Produkt	kcal	kcal/100g
		Teig		
2 Stk.	60g	Eiklar	29,6	49,3
	60g	Fruchtzucker	240,0	400,0
	120g	Weizen-Vollkornmehl	400,8	334,0
1 TL	8g	Backpulver	8,0	100,2
1/8 l	125ml	Wasser	—	—
		Belag		
	950g	Ananas, ohne Zuckerzusatz	534,1	56,2
	1500g	Magerquark	1144,7	76,3
	40g	Gelatine	134,5	336,4
		Süßstoff	—	—

Gesamtanalyse für Ananas-Quarktorte

Energie (kcal)	2491,7	mehrf. ung. FS (g)	2,7
Eiweiß (g)	254,2	Ballaststoffe (g)	22,2
Fett (g)	8,2	Natrium (mg)	2860,9
Kohlenhydrate (g)	301,5	Kalium (mg)	3924,4

100g Ananas-Quarktorte enthält

Energie (kcal)	86,7	mehrf. ung. FS (g)	0,1
Eiweiß (g)	8,8	Ballaststoffe (g)	0,8
Fett (g)	0,3	Natrium (mg)	99,6
Kohlenhydrate (g)	10,5	Kalium (mg)	136,6

1 Stück Ananas-Quarktorte enthält

Energie (kcal)	207,6	mehrf. ung. FS (g)	0,2
Eiweiß (g)	21,8	Ballaststoffe (g)	1,9
Fett (g)	0,7	Natrium (mg)	8,3
Kohlenhydrate (g)	25,1	Kalium (mg)	11,4

Die Zutaten für den Teig verrühren und in einer Springform (30 cm) 15 Minuten bei 200 Grad im vorgeheizten Backofen backen. Etwas Ananas-Saft (200ml) zum Auflösen der Gelatine und einige Stücke Ananas für die Garnierung zurückhalten. Die restliche Ananas mit Saft im Mixer pürieren und mit dem Quark und Süßstoff verrühren. Die Gelatine nach Anleitung in Ananas-Saft auflösen und dazugeben. Anschließend die Masse auf den fertig gebackenen und abgekühlten Boden geben und 3 Stunden im Kühlschrank steif werden lassen. Für den Fall, daß etwas Masse übrig bleibt, kann man diese in kleine Dessertschalen füllen und als Nachspeise zu diversen Hauptspeisen servieren.

Quarkstrudel

Stück	Gramm	Produkt	kcal	kcal/100g
		Teig		
	250g	Weizenmehl, Typ 1050	834	356
1 Stk.	55g	Ei	93	168
2 EL	20g	Sonnenblumen-Öl	149	746
1/8 l	125ml	Wasser	—	—
		Füllung		
	1250g	Magerquark	953	76
	40g	Vanille-Puddingpulver	140	349
		Süßstoff	—	—
	50g	Fruchtzucker	200	400
	50g	Diabetiker-Zucker	120	240
1 Stk.		Zitrone	2	36
1 TL		Zimt	3	267
	100g	Roggenflocken, gemahlen	317	337
	750g	Äpfel	362	48
	200g	Sauerkirschen	72	36
	250ml	Milch, 0,3% Fett	73	37

Gesamtanalyse für Quarkstrudel

Energie (kcal)	3319,3	mehrf. ung. FS (g)	14,2
Eiweiß (g)	218,6	Ballaststoffe (g)	57,0
Fett (g)	36,1	Natrium (mg)	856,6
Kohlenhydrate (g)	472,2	Kalium (mg)	4407,7

100g Quarkstrudel enthält

Energie (kcal)	107,2	mehrf. ung. FS (g)	0,5
Eiweiß (g)	7,1	Ballaststoffe (g)	1,8
Fett (g)	1,2	Natrium (mg)	27,7
Kohlenhydrate (g)	15,3	Kalium (mg)	142,4

Mehl in eine Schüssel sieben. Salz, Ei, Öl und Wasser zum Mehl geben und solange zu einem weichen Teig kneten, bis dieser geschmeidig ist und nicht mehr klebt. Den Teig halbieren, und in eine mit Mehl bestäubte Schüssel legen, diese mit einer Plastikfolie und einem Tuch abdecken und an einem warmen Platz 30 Minuten ruhen lassen. In der Zwischenzeit die Füllung zubereiten. Äpfel schälen, vom Kerngehäuse befreien und grob raspeln, hobeln oder in Würfel schneiden. Fruchtzucker, Diabetiker-Zucker, Zimt, die gemahlenen Roggenflocken hinzufügen, und alles miteinander mischen. Ruhen lassen. Quark, Zitronensaft, Süßstoff (nach Geschmack) und Puddingpulver mit dem Rührgerät zu einer cremigen Masse anrühren. Anschließend, mit Vorsicht unter die Obstmischung heben. Die Erste Hälfte des Strudelteigs auf einem mit Mehl bestäubten Tuch dünn zu einem Rechteck ausrollen. Die Hälfte der Füllung darauf verteilen, dabei genügend Platz an den Rändern lassen. Zwei Enden des Tuches anfassen und den Strudel durch Anheben zuerst an den Querseiten ein wenig einschlagen, dann an den Längsseiten zusammenschlagen und in eine leicht gefettete Auflaufform gleiten lassen. Mit etwas Milch bepinseln. Den Vorgang mit der Zweiten Hälfte des Teiges und Füllung wiederholen. Auflaufform auf die mittlere Schiene in den vorgeheizten Backofen schieben und den Strudel bei 220°C 80 Minuten knusprig backen. Nach etwa 1 Stunde Backzeit, die Hälfte der Milch über den Strudel gießen. Vorgang nach weiteren 10 Minuten wiederholen.

Quark-Pfannkuchen mit Rosinen

Stück	Gramm	Produkt	kcal	kcal/100g
	400g	Eiklar	196	49
	100g	Hirseflocken	373	373
	100g	Magerquark	76	76
	150g	Joghurt, 0,3% Fett	63	42
	30g	Vanille-Proteinpulver 80 %	110	367
	50g	Rosinen	143	286
		Vanille-, Rumaroma	—	—
		Bittermandelaroma	—	—
		Süßstoff	—	—

Eiklar, Hirse, Quark, Joghurt, Eiweißpulver, Süßstoff und Aromen in einen hohen Mixbehälter geben und auf höchster Stufe gut mixen. Anschließend in einer antihaft-beschichteten Pfanne kleine Pfannkuchen backen, dabei die Rosinen auf den Pfannkuchen verteilen.

Tip: Von der zweiten Seite nur kurz backen, dann bleiben die Pfannkuchen schön saftig. Je länger die Backzeit, desto trockener werden die Pfannkuchen.

Gesamtanalyse für Quark-Pfannkuchen

Energie (kcal)	963,3	mehrf. ung. FS (g)	1,7
Eiweiß (g)	95,5	Ballaststoffe (g)	8,3
Fett (g)	5,2	Natrium (mg)	1292
Kohlenhydrate (g)	117,4	Kalium (mg)	2027

100g Quark-Pfannkuchen enthält

Energie (kcal)	118,1	mehrf. ung. FS (g)	0,2
Eiweiß (g)	11,4	Ballaststoffe (g)	1,1
Fett (g)	0,6	Natrium (mg)	154,1
Kohlenhydrate (g)	14,8	Kalium (mg)	250,8

Protein-Crepes

Stück	Gramm	Produkt	kcal	kcal/100g
	400g	Eiklar	197,1	49,3
	50g	Vanille-Proteinpulver 80%	183,5	367,0
		Süßstoff	—	—
		Rumaroma	—	—
		Bittermandelaroma	—	—

Alle Zutaten in einem Mixer 2–3 Minuten mixen. Eine kleine antihaftbeschichtete Pfanne (20 cm Durchmesser) mit einer dünnen Schicht Backspray besprühen (oder mit einem Pinsel leicht einfetten). Crepes kurz von beiden Seiten backen. Anschließend die Crepes mit Fruchtquark, Marmelade oder Honig bestreichen, einrollen und kalt oder warm genießen. Ideal für unterwegs.

Tip: Die benötigte Menge des Proteinpulvers kann je nach Hersteller variieren. Am besten geeignet ist 80%iges Proteinpulver. Reines Lactalbumin ist nicht zu empfehlen.

Gesamtanalyse für Protein-Crepes

Energie (kcal)	380,6	mehrf. ung. FS (g)	0,2
Eiweiß (g)	80,0	Ballaststoffe (g)	0,0
Fett (g)	1,5	Natrium (mg)	1434,5
Kohlenhydrate (g)	6,6	Kalium (mg)	1195,0

100g Protein-Crepes enthält

Energie (kcal)	84,6	mehrf. ung. FS (g)	0,0
Eiweiß (g)	17,8	Ballaststoffe (g)	0,0
Fett (g)	0,3	Natrium (mg)	318,8
Kohlenhydrate (g)	1,5	Kalium (mg)	265,6

Apfel-Cocos-Crepes

Stück	Gramm	Produkt	kcal	kcal/100g
	400g	Eiklar	197,1	49,3
	50g	Cocos-Proteinpulver 80%	183,5	367,0
	30g	Kokosflocken	110,8	369,4
	100g	Apfel	48,3	48,3
		Süßstoff	—	—
		Rumaroma	—	—

Alle Zutaten (außer Äpfel) in einem Mixer 2–3 Minuten vermengen. Äpfel schälen, vierteln und in das Mixgefäß zu den anderen Zutaten geben. Alles noch einmal kurz mixen. Eine kleine (20 cm Durchmesser) antihaft-beschichtete Pfanne dünn mit Backspray aussprühen (oder mit einem Pinsel leicht einfetten). Crepes kurz von beiden Seiten anbacken. Anschließend die Crepes mit Fruchtquark, Marmelade oder Honig füllen bzw. bestreichen, einrollen und kalt oder warm genießen.

Gesamtanalyse für Apfel-Cocos-Crepes

Energie (kcal)	539,8	mehrf. ung. FS (g)	0,6
Eiweiß (g)	81,4	Ballaststoffe (g)	5,5
Fett (g)	12,6	Natrium (mg)	1445,5
Kohlenhydrate (g)	17,8	Kalium (mg)	1445,0

100g Apfel-Cocos-Crepes enthält

Energie (kcal)	93,1	mehrf. ung. FS (g)	0,1
Eiweiß (g)	14,0	Ballaststoffe (g)	0,0
Fett (g)	2,2	Natrium (mg)	249,2
Kohlenhydrate (g)	3,1	Kalium (mg)	249,1

Topfenknödel

Stück	Gramm	Produkt	kcal	kcal/100g
	350g	Magerquark	267,1	76,3
	25g	Mehl, Typ 505 oder 405	85,4	341,6
		Süßstoff	—	—
1 Stk.		Vanillemark	—	267,5
1 Stk.		Zitrone	—	36
	50g	Eiklar	24,6	49,3
	40g	Paniermehl	151,8	379,4
1/2 TL		pflanzliches Bindemittel	—	—

Quark in zwei Portionen aufteilen und in einem Tuch kräftig ausdrükken. Das Mehl auf den Quark sieben, Süßstoff und das Vanillemark dazu geben und unterrühren. Die Schale der Zitrone fein abreiben und gemeinsam mit dem Eiklar und dem Bindemittel unter die Quarkmasse heben. Das Ganze 30 Minuten im Kühlschrank aufbewahren. Zwischenzeitlich in einem breiten Topf Wasser zum Kochen bringen. Mit einem Eisportionierer 10 kleine Knödel aus der Quarkmasse abstechen. Diese in das leicht siedende Wasser geben und 10 Minuten garen lassen. Mit einer Schaumkelle entnehmen und in dem Paniermehl wenden. Auf einem Dessertteller anrichten und mit etwas Streusüße (z.B. Candarel) bestäuben.

Tip: Um das Ganze noch etwas zu verfeinern, können auch heiße Himbeeren dazu serviert werden. Dazu die Himbeeren in einem Topf mit etwas Fruchtzucker erhitzen (nicht kochen!) und zu den Topfenknödeln servieren. Fertig!

Gesamtanalyse für Topfenknödel

Energie (kcal)	528,9	mehrf.ung.FS (g)	0,4
Eiweiß (g)	55,6	Ballaststoffe (g)	2,1
Fett (g)	1,8	Natrium (g)	470,8
Kohlenhydrate (g)	62,4	Kalium (g)	492,5

100g Topfenknödel enthält

Energie (kcal)	113,7	mehrf.ung.FS (g)	0,1
Eiweiß (g)	12,0	Ballaststoffe (g)	0,4
Fett (g)	0,4	Natrium (g)	101,2
Kohlenhydrate (g)	13,4	Kalium (g)	105,9

Kaiserschmarrn

Stück	Gramm	Produkt	kcal	kcal/100g
	400g	Eiklar	197,10	49,3
	120g	Hirseflocken	448,1	373,4
	50g	Rosinen	143,2	286,4
1 EL	20g	Puddingpulver	69,8	349,0
		Süßstoff	—	—

Eiklar in ein hohes Mixgefäß füllen, Hirseflocken, Süßstoff und Puddingpulver dazugeben. Alles bei höchster Stufe einige Minuten mixen. In der Zwischenzeit eine antihaft-beschichtete Pfanne erhitzen. Die Hälfte der Eiklarmischung und die Rosinen hineingeben, glattsteichen und backen lassen, bis die Unterseite fest ist. Den Schmarrn wenden und mit Hilfe einer Teigkarte oder 2 Gabeln in kleine Stücke reißen und unter Wenden goldgelb fertig braten. Auf eine Platte geben und im vorgeheizten Backofen warm stellen. Mit dem Rest des Teigs und den Rosinen ebenso verfahren.

Tip: Vor dem Servieren den Kaiserschmarrn mit Streusüße und Zimt bestäuben. Dazu Apfel-, Rhabarber- oder Pflaumenkompott reichen.

Gesamtanalyse für Kaiserschmarrn

Energie (kcal)	858,2	mehrf.ung.FS (g)	1,9
Eiweiß (g)	54,2	Ballaststoffe (g)	9,3
Fett (g)	5,0	Natrium (g)	797,7
Kohlenhydrate (g)	135,3	Kalium (g)	1372,0

100g Kaiserschmarrn enthält

Energie (kcal)	145,5	mehrf.ung.FS (g)	0,3
Eiweiß (g)	9,2	Ballaststoffe (g)	1,6
Fett (g)	0,8	Natrium (g)	135,2
Kohlenhydrate (g)	22,9	Kalium (g)	232,5

Kapitel 8

Desserts & Brotaufstriche

Erdbeer-Buttermilcheis

Stück	Gramm	Produkt	kcal	kcal/100g
	200ml	Buttermilch	72,7	36,4
	50ml	Milch, 0,3% Fett	18,3	36,6
	200g	Erdbeeren, frisch	65,1	32,5
2 EL	10g	Zitronensaft	3,6	35,6
		Süßstoff	—	—

Buttermilch, Milch und Erdbeeren im Mixer pürieren. Während dem Mixen Süßstoff und Zitronensaft dazugeben. In Eisförmchen oder Glasschälchen gießen und mindestens zwei Stunden gefrieren lassen. Zum Herausnehmen Formen kurz in warmes Wasser tauchen (gilt nur für Eisförmchen).

Gesamtanalyse für Erdbeer-Buttermilcheis

Energie (kcal)	159,7	mehrf. ung. FS (g)	0,6
Eiweiß (g)	10,4	Ballaststoffe (g)	4,5
Fett (g)	1,9	Natrium (mg)	615,6
Kohlenhydrate (g)	22,0	Kalium (mg)	683,9

100g Erdbeer-Buttermilcheis enthält

Energie (kcal)	34,4	mehrf. ung. FS (g)	0,1
Eiweiß (g)	2,2	Ballaststoffe (g)	1,0
Fett (g)	0,4	Natrium (mg)	132,7
Kohlenhydrate (g)	4,8	Kalium (mg)	147,4

Haselnuss-Schoko-Creme

Stück	Gramm	Produkt	kcal	kcal/100g
	50g	Eiklar	24,6	49,3
1 EL	20g	Haselnuss-Proteinpulver 80%	72,2	361,0
1 EL	20g	Schoko-Proteinpulver 80%	72,2	361,0
	70ml	Milch, 0,3% Fett	25,6	36,6

Eiklar und Milch in ein hohes Mixgefäß geben, Eiweißpulver dazugeben und mit einem Handrührgerät bei höchster Stufe steif schlagen.

Tip: Eiklar muß eiskalt sein. Werkzeuge und Mixbecher vor dem Gebrauch mit kaltem Wasser ausspülen.

Hinweis: Aufgrund der unterschiedlichen Hersteller von 80%igem Eiweiß, kann eventuell etwas mehr Eiweißpulver erforderlich sein. Je höher der Fettgehalt der Milch, desto weniger Proteinpulver ist erforderlich, um eine dickliche Masse zu erhalten.

Gesamtanalyse für Haselnuss-Schoko-Creme

Energie (kcal)	195,9	mehrf. ung. FS (g)	0,1
Eiweiß (g)	39,5	Ballaststoffe (g)	0,0
Fett (g)	1,1	Natrium (mg)	696,0
Kohlenhydrate (g)	5,9	Kalium (mg)	656,0

100g Haselnuss-Schoko-Creme enthält

Energie (kcal)	122,4	mehrf. ung. FS (g)	0,1
Eiweiß (g)	24,7	Ballaststoffe (g)	0,0
Fett (g)	0,7	Natrium (mg)	435,4
Kohlenhydrate (g)	3,7	Kalium (mg)	410,0

Bananencreme

Stück	Gramm	Produkt	kcal	kcal/100g
	500ml	Milch, 0,3% Fett	183,0	36,6
1 EL	15g	Gelatine	50,5	336,4
1 Stk.	50g	Eier	84,1	168,2
		Vanille-Aroma	—	—
1 TL		Ruma-Aroma	—	—
1 EL	10g	Zitronensaft	3,6	35,6
	150g	Bananen	131,7	87,8
1 TL	4g	Süßstoff	—	—

125ml Milch im Wasserbad erwärmen. 375ml kalte Milch in eine Schüssel füllen und die Gelatine darin aufweichen. Zu der heißen Milch geben und unter Rühren auflösen. Das Ei verquirlen dazugeben und ununterbrochen weiterrühren, bis die Masse dickflüssig wird. Von der Kochplatte nehmen. Bananenbrei, Zitronensaft, Süßstoff, Rum-Aroma und Vanille-Aroma beimengen und bis zum Servieren kühl stellen.

Gesamtanalyse für Bananencreme

Energie (kcal)	452,9	mehrf. ung. FS (g)	0,9
Eiweiß (g)	38,5	Ballaststoffe (g)	5,2
Fett (g)	6,4	Natrium (mg)	793,6
Kohlenhydrate (g)	53,9	Kalium (mg)	1401,9

100g Bananencreme enthält

Energie (kcal)	62,0	mehrf. ung. FS (g)	0,1
Eiweiß (g)	5,3	Ballaststoffe (g)	0,7
Fett (g)	0,9	Natrium (mg)	108,7
Kohlenhydrate (g)	7,4	Kalium (mg)	192,0

Brombeer-Joghurt-Creme

Stück	Gramm	Produkt	kcal	kcal/100g
	320g	Brombeeren, frisch oder TK	173,0	54,1
1 TL	5g	Zitronenpulver	13,0	260,0
	150g	Joghurt, 0,3% Fett	63,2	42,1
	10g	Gelatine	33,6	336,0
3 Stk.	100g	Eiklar	49,3	49,3
		Süßstoff	—	—
		Rum- und Vanillearoma	—	—

Brombeeren in einem Mixer pürieren und anschließend durchsieben. Mit Joghurt, Zitronenpulver, Süßstoff und Aromen vermengen. Gelatine nach Packungsanweisung zubereiten. Anschließend die Brombeermasse eßlöffelweise zur Gelatine geben. Kaltstellen. Eiklar steif schlagen und sobald die Brombeermasse zu gelieren beginnt vorsichtig unter die Masse heben. In Dessert-Schalen füllen und erneut kalt stellen.

Gesamtanalyse für Brombeer-Joghurt-Creme

Energie (kcal)	332,3	mehrf. ung. FS (g)	2,2
Eiweiß (g)	29,0	Ballaststoffe (g)	10,5
Fett (g)	3,6	Natrium (mg)	286,8
Kohlenhydrate (g)	37,5	Kalium (mg)	1094,9

100g Brombeer-Joghurt-Creme enthält

Energie (kcal)	53,9	mehrf. ung. FS (g)	0,4
Eiweiß (g)	2,44,7	Ballaststoffe (g)	1,7
Fett (g)	1,60,6	Natrium (mg)	46,5
Kohlenhydrate (g)	6,1	Kalium (mg)	177,5

Obstsalat Joghurt-Müsli

Stück	Gramm	Produkt	kcal	kcal/100g
	100g	Apfel	48,3	48,3
	100g	Ananas, frisch	56,2	56,2
	50g	Weintrauben, blau	75,6	151,2
	50g	Weintrauben, hell	75,6	151,2
	100g	Erdbeeren, frisch	32,5	32,5
	100g	Nektarinen, entsteint	60,3	60,3
	50g	Rosinen	143,2	286,4
	150g	Joghurt, 0,3% Fett	63,2	42,1
	5g	Süßstoff	—	—
	50g	Müsli	158,5	317,0
	5g	Zitronensaft	1,8	36,0
1 TL		Zimt	2,7	267,5
1 Glas	0,2 cl	Rum, 38%	46,7	234,0

Früchte waschen, schälen, kleinschneiden (in Würfel oder Scheiben), Rosinen unterrühren. Anschließend alles mit Zitronensaft, Zimt und Rum abschmecken. Das gemahlene Müsli darüber geben und zugedeckt im Kühlschrank ziehen lassen. Joghurt mit Süßstoff abschmecken, glatt rühren und kurz vor dem Servieren über den Obstsalat geben.

Gesamtanalyse für Obstsalat-Joghurt-Müsli

Energie (kcal)	732,9	mehrf. ung. FS (g)	1,3
Eiweiß (g)	16,1	Ballaststoffe (g)	21,2
Fett (g)	2,9	Natrium (mg)	701,6
Kohlenhydrate (g)	136,7	Kalium (mg)	2080,1

100g Obstsalat-Joghurt-Müsli enthält

Energie (kcal)	88,2	mehrf. ung. FS (g)	0,2
Eiweiß (g)	1,9	Ballaststoffe (g)	2,6
Fett (g)	0,3	Natrium (mg)	84,4
Kohlenhydrate (g)	16,5	Kalium (mg)	250,3

Himbeer-Johannisbeer-Gelee

Stück	Gramm	Produkt	kcal	kcal/100g
	750g	Johannisbeeren	339,1	45,2
	750g	Himbeeren	265,6	35,4
	250ml	Wasser	—	—
	25g	Gelier Leicht	52,5	210,0
	125g	Diabetiker-Zucker	300,0	240,0
	125g	Fruchtzucker	500,0	400,0

Johannisbeeren und Himbeeren entsaften. Entweder im Dampf- oder Elektroentsafter. Anschließend, den daraus gewonnen Saft mit dem Wasser vermischen, Zucker und Gelier Leicht hinzufügen, alles in einen Topf füllen und unter ständigem Rühren zum Kochen bringen. Noch 2 Minuten kochen lassen und dann sofort in Gläser füllen, verschließen, und auf den Kopf stellen. Anschließend kalt stellen.

Gesamtanalyse für Himbeer-Johannisbeer-Gelee

Brennwert (kcal)	1457,2	mehrf. ung. FS (g)	2,4
Eiweiß (g)	17,5	Ballaststoffe (g)	86,2
Fett (g)	3,8	Natrium (mg)	73,0
Kohlenhydrate (g)	310,0	Kalium (mg)	3432,8

100g Himbeer-Johannisbeer-Gelee enthält

Brennwert (kcal)	72,0	mehrf. ung. FS (g)	0,1
Eiweiß (g)	0,9	Ballaststoffe (g)	4,3
Fett (g)	0,2	Natrium (mg)	3,6
Kohlenhydrate (g)	15,3	Kalium (mg)	169,5

Bananen-Aprikosen-Mus

Stück	Gramm	Produkt	kcal	kcal/100g
	400g	Bananen	351,2	87,8
	600g	Aprikosen, entsteint	297,1	49,5
1/8 l	125ml	Wasser	—	—
	25g	Gelier Leicht	52,5	210,0
	125g	Diabetiker-Zucker	300,0	240,0
	125g	Fruchtzucker	500,0	400,0
1Msp.		Nelken, gemahlene	—	418,2
1Msp.		Kardamon	—	333,7
1Msp.		Muskatblüte	—	538,5
1 TL	5g	Zimt	13,4	267,5
1 Stk.		Zitrone	10,7	35,6

Aprikosen entsteinen und in kleine Stücke schneiden, Bananen mit einer Gabel zerdrücken, dann beide Obstsorten im Mixer pürieren. Zucker, Gelier Leicht, geriebene Zitronenschale, Zitronensaft und die Gewürze hinzufügen. Alles gut mischen, anschließend in einen Topf geben und unter ständigem Rühren zum Kochen bringen. Noch 1 Minute unter ständigem Rühren kochen, dann sofort in Gläser füllen, verschließen, auf den Kopf stellen, und abkühlen lassen.

Gesamtanalyse Bananen-Aprikosen-Mus

Brennwert (kcal)	1524,9	mehrf. ung. FS (g)	0,5
Eiweiß (g)	10,1	Ballaststoffe (g)	35,1
Fett (g)	1,6	Natrium (mg)	49,6
Kohlenhydrate (g)	348,7	Kalium (mg)	3426,9

100g Bananen-Aprikosen-Mus enthält

Brennwert (kcal)	116,4	mehrf. ung. FS (g)	0,0
Eiweiß (g)	0,8	Ballaststoffe (g)	2,7
Fett (g)	0,1	Natrium (mg)	3,8
Kohlenhydrate (g)	26,6	Kalium (mg)	261,6

Ananas-Kiwi-Konfitüre

Stück	Gramm	Produkt	kcal	kcal/100g
	600g	Ananas-Stücke, frisch	337,3	56,2
	600g	Kiwi, geschält	344,5	57,4
	25g	Gelier Leicht	52,5	210,0
	125g	Diabetiker-Zucker	300,0	240,0
	125g	Fruchtzucker	500,0	400,0

Kiwi schälen und in kleine Stücke schneiden, Ananas-Stücke und Kiwi im Mixer pürieren. Zucker und Gelier Leicht hinzufügen. Alles gut mischen, anschließend in einen Topf geben und unter ständigem Rühren zum Kochen bringen. Noch 1 Minute unter ständigem rühren kochen lassen, dann sofort in Gläser füllen, verschließen, auf den Kopf stellen, und abkühlen lassen.

Gesamtanalyse Ananas-Kiwi-Konfitüre

Brennwert (kcal)	1534,0	mehrf. ung. FS (g)	2,1
Eiweiß (g)	9,0	Ballaststoffe (g)	29,6
Fett (g)	4,8	Natrium (mg)	66,5
Kohlenhydrate (g)	340,8	Kalium (mg)	3055,3

100g Ananas-Kiwi-Konfitüre enthält

Brennwert (kcal)	104,0	mehrf. ung. FS (g)	0,1
Eiweiß (g)	0,6	Ballaststoffe (g)	2,0
Fett (g)	0,3	Natrium (mg)	4,5
Kohlenhydrate (g)	23,1	Kalium (mg)	207,1

Hüttenkäse-Aufstrich

Stück	Gramm	Produkt	kcal	kcal/100g
	250g	Hüttenkäse	282,9	113,2
1 EL	15g	Zitronensaft	5,3	35,6
1 TL	2g	Sojasoße	1,5	75,0
1 TL	15g	Senf, mittelscharf	13,1	87,3

Alle Zutaten mit einem Mixstab pürieren, bis die Masse völlig glatt ist. Anschließend kalt stellen.

Gesamtanalyse für Hüttenkäse-Aufstrich

Energie (kcal)	302,8	mehrf. ung. FS (g)	0,5
Eiweiß (g)	36,3	Ballaststoffe (g)	0,3
Fett (g)	10,6	Natrium (mg)	1190,9
Kohlenhydrate (g)	9,5	Kalium (mg)	257,9

100g Hüttenkäse-Aufstrich enthält

Energie (kcal)	107,4	mehrf. ung. FS (g)	0,2
Eiweiß (g)	12,9	Ballaststoffe (g)	0,1
Fett (g)	3,8	Natrium (mg)	422,3
Kohlenhydrate (g)	3,4	Kalium (mg)	91,4

Pfirsich-Gelee

Stück	Gramm	Produkt	kcal	kcal/100g
	300ml	Wasser	—	—
3 EL	10g	Agar-Agar, gefiergetrocknet	2,6	25,0
	100g	Fruchtzucker	400 ,0	400,0
	100g	Diabetiker-Streusüße	240 ,0	240,0
	65g	Eiklar	32,0	49,3
	200g	Pfirsiche	64,0	32,0
	200ml	Apfel- oder Pflaumenwein	95,2	47,6

Agar-Agar in kaltem Wasser einweichen und unter Rühren aufkochen lassen, bei kleiner Hitze 20–25 Minuten kochen lassen, bis es sich aufgelöst hat. Dann Zucker und Wein unter ständigem Rühren dazugeben, den Topf vom Herd nehmen und die Flüssigkeit erkalten lassen. Das steifgeschlagene Eiweiß vorsichtig unterheben. Eine flache Form mit kaltem Wasser ausspülen und die Hälfte der Gelee-Masse hineingeben, die abgetropften Pfirsich-Früchte in Spalten schneiden, darauflegen und mit dem Rest des Gelees zudecken. Anschließend kaltstellen. Vor dem Servieren das Pfirsich-Gelee auf eine flache Platte stürzen und in Scheiben schneiden.

Gesamtanalyse für Pfirsich-Gelee

Energie (kcal)	833,8	mehrf. ung. FS (g)	0,0
Kohlenhydrate (g)	178,7	Ballaststoffe (g)	9,5
Fett (g)	0,2	Natrium (mg)	163,4
Eiweiß (g)	7,0	Kalium (mg)	260,5

100g Pfirsich-Gelee enthält

Energie (kcal)	85,5	mehrf. ung. FS (g)	0,0
Kohlenhydrate (g)	18,3	Ballaststoffe (g)	1,0
Fett (g)	0,0	Natrium (mg)	16,8
Eiweiß (g)	0,7	Kalium (mg)	26,7

Mocca-Banana

Stück	Gramm	Produkt	kcal	kcal/100g
	250ml	Milch, 0,3% Fett	91,5	36,6
	100ml	Kaffee, kalt	2,2	2,2
1 Stk.	33g	Eiklar	16,3	49,3
1 EL	25g	Eiscreme, Nußgeschmack	58,2	233,0
	75g	Banane	65,8	87,8
	10ml	Baileys	32,2	322,0
	50g	Nougat Proteinpulver	183,5	367,0
		Vanillearoma	—	—
		Rumaroma	—	—
		Eiswürfel	—	—

Alle Zutaten in ein hohes Mixgefäß geben (nicht die Eiswürfel). Dabei immer folgende Reihenfolge beachten: Erst die flüssigen, dann die weichen und zum Schluß die festen Zutaten in den Mixbecher füllen. Alles auf höchster Stufe 1 Minute mixen. Eiswürfel zufügen und noch einmal kurz mixen, bis die Eiswürfel zerkleinert sind. Kalt servieren.

Tip: Aufgrund der unterschiedlichen Hersteller von 80%igem Eiweiß, kann eventuell etwas mehr oder weniger Eiweißpulver erforderlich sein. Reines Lactalbumin-Protein ist nicht geeignet. Je höher der Fettgehalt der Milch, desto weniger Eiweißpulver ist erforderlich.

Gesamtanalyse für Mocca-Banana

Energie (kcal)	449,7	mehrf. ung. FS (g)	0,2
Eiweiß (g)	54,2	Ballaststoffe (g)	2,6
Fett (g)	5,4	Natrium (mg)	901,2
Kohlenhydrate (g)	39,7	Kalium (mg)	1365,9

100g Mocca-Banana enthält

Energie (kcal)	82,8	mehrf. ung. FS (g)	0,0
Eiweiß (g)	10,0	Ballaststoffe (g)	0,5
Fett (g)	1,0	Natrium (mg)	166,0
Kohlenhydrate (g)	7,3	Kalium (mg)	251,5

Kapitel 9

Milchshakes

Citro-Fresh

Stück	Gramm	Produkt	kcal	kcal/100g
	200ml	Milch, 0,3% Fett	73,2	36,6
	100ml	Orangensaft, ohne Zuckerzusatz	36,6	36,6
1 EL	8g	Zitronensaft	2,9	35,6
1 Stk.	33g	Eiklar	16,3	99,3
1 EL	15g	Ahornsirup	43,7	291,6
	150g	Joghurt, 0,3% Fett	63,2	42,1
	100g	Magerquark	76,3	76,3
	60g	Citro-Quark-Proteinpulver	220,2	376,0
2 Stk.		Eiswürfel	—	—

Alle Zutaten in einen Mixer geben (nicht die Eiswürfel). Alles auf höchster Stufe gut mixen. Eiswürfel dazugeben und noch einmal kurz mixen, bis die Eiswürfel zerkleinert sind. Gekühlt servieren.

Gesamtanalyse für Citro-Fresh

Energie (kcal)	532,3	mehrf. ung. FS (g)	0,2
Eiweiß (g)	78,5	Ballaststoffe (g)	1,2
Fett (g)	1,8	Natrium (mg)	1170,7
Kohlenhydrate (g)	44,7	Kalium (mg)	1635,4

100g Citro-Fresh enthält

Energie (kcal)	79,9	mehrf. ung. FS (g)	0,0
Eiweiß (g)	13,1	Ballaststoffe (g)	0,2
Fett (g)	0,3	Natrium (mg)	175,8
Kohlenhydrate (g)	6,7	Kalium (mg)	324,9

Fruit-Coco Mix

Stück	Gramm	Produkt	kcal	kcal/100g
	200ml	Ananas-Saft, ohne Zuckerzusatz	112,9	56,5
	50ml	Mineralwasser	—	—
1 Glas	10ml	Batida de Coco	32,2	322,0
		Rumaroma	—	—
1 EL	15g	Ahornsirup	43,7	291,6
2 Stk.	50g	Aprikose (Konserve)	24,8	49,6
	125g	Ananas (Konserve)	70,3	56,2
	60g	Citro-Quark-Proteinpulver	220,2	367,0

Alle Zutaten in ein hohes Mixgefäß geben und auf höchster Stufe etwa eine Minute mixen.

Gesamtanalyse für Fruit-Coco Mix

Energie (kcal)	503,6	mehrf. ung. FS (g)	0,5
Eiweiß (g)	50,6	Ballaststoffe (g)	5,0
Fett (g)	2,2	Natrium (mg)	886,3
Kohlenhydrate (g)	62,3	Kalium (mg)	1606,7

100g Fruit-Coco Mix enthält

Energie (kcal)	98,7	mehrf. ung. FS (g)	0,1
Eiweiß (g)	9,9	Ballaststoffe (g)	1,0
Fett (g)	0,4	Natrium (mg)	173,8
Kohlenhydrate (g)	12,2	Kalium (mg)	315,0

Erdbeerbecher

Stück	Gramm	Produkt	kcal	kcal/100g
	25g	Vanille Proteinpulver	91,7	367,0
	150g	Milch, 0,3% Fett	54,9	36,6
	200g	Erdbeeren, frisch	65,1	32,5
	25g	Diabetiker-Zucker	60,0	240,0

Milch und Eiweißpulver in eine Schüssel geben. Beides mit einem Mixgerät solange schlagen bis daraus eine leicht dickliche Masse entstanden ist. Erdbeeren waschen, in kleine Stücke schneiden mit Diätzucker abschmecken und in ein hohes Glas oder eine Glasschale geben. Anschließend das Glas mit der Eiweißmasse auffüllen.

Gesamtanalyse für Erdbeerbecher

Energie (kcal)	271,7	mehrf. ung. FS (g)	0,6
Eiweiß (g)	26,9	Ballaststoffe (g)	4,6
Fett (g)	1,4	Natrium (mg)	442,5
Kohlenhydrate (g)	35,3	Kalium (mg)	827,0

100g Erdbeerbecher enthält

Energie (kcal)	67,9	mehrf. ung. FS (g)	0,1
Eiweiß (g)	6,7	Ballaststoffe (g)	1,1
Fett (g)	0,3	Natrium (mg)	110,6
Kohlenhydrate (g)	8,8	Kalium (mg)	206,8

Ananas-Flip

Stück	Gramm	Produkt	kcal	kcal/100g
	25g	Cocos-Proteinpulver (All Stars)	91,7	367,0
	150g	Milch, 0,3% Fett	54,9	36,6
	200g	Ananas	80,0	40,0
		Rumaroma	—	—

Milch und Eiweißpulver in eine Schüssel geben. Beides mit einem Mixgerät solange schlagen bis daraus eine leicht dickliche Masse entstanden ist. Mit einigen Tropfen Rumaroma abschmecken. Ananas in Stücke schneiden und in ein hohes Glas oder eine Glasschale geben. Anschließend mit der Eiweißmasse übergießen. Mit Ananas, Kokosraspeln und Schokostreußeln garnieren.

Gesamtanalyse für Ananas-Flip

Energie (kcal)	226,7	mehrf. ung. FS (g)	0,1
Eiweiß (g)	27,3	Ballaststoffe (g)	0,0
Fett (g)	0,6	Natrium (m)	432,3
Kohlenhydrate (g)	25,3	Kalium (mg)	522,5

100g Ananas-Flip enthält

Energie (kcal)	60,4	mehrf. ung. FS (g)	0,0
Eiweiß (g)	6,7	Ballaststoffe (g)	0,0
Fett (g)	0,2	Natrium (mg)	115,3
Kohlenhydrate (g)	7,3	Kalium (mg)	139,3

Diätplan 3500 kcal/Tag

1. Mahlzeit

Lebensmittel	Menge (g)	kcal	Protein (g)	Fett (g)	Kohl. (g)
Milchshake Fruit-Coco Mix	gesamt	504	50,6	2,2	62,3

2. Mahlzeit

Lebensmittel	Menge (g)	kcal	Protein (g)	Fett (g)	Kohl. (g)
Kokos-Muffins	3 Stück	480	13	10	77

3. Mahlzeit

Lebensmittel	Menge (g)	kcal	Protein (g)	Fett (g)	Kohl. (g)
Hähnchenbrust Tandoori	gesamt	1211	210,4	13,3	29,1

4. Mahlzeit

Lebensmittel	Menge (g)	kcal	Protein (g)	Fett (g)	Kohl. (g)
Spaghetti mit Knoblauchsoße	gesamt	555	19,1	11,6	91,9

5. Mahlzeit

Lebensmittel	Menge (g)	kcal	Protein (g)	Fett (g)	Kohl. (g)
Fruchtiger Blattsalat	gesamt	190	4,3	4,0	30,6

6. Mahlzeit

Lebensmittel	Menge (g)	kcal	Protein (g)	Fett (g)	Kohl. (g)
Milchshake Citro-Fresh	gesamt	532	78,5	1,8	44,7

Nährwerte Gesamt

kcal	Protein (g)	Fett (g)	Kohl. (g)
3472	376	43	336

Diätplan 2500 kcal/Tag

1. Mahlzeit

Lebensmittel	Menge (g)	kcal	Protein (g)	Fett (g)	Kohl. (g)
Milchshake Mocca-Banana	gesamt	450	54,2	5,4	39,7

2. Mahlzeit

Lebensmittel	Menge (g)	kcal	Protein (g)	Fett (g)	Kohl. (g)
Protein-Crepes	gesamt	381	80,0	1,5	6,6

3. Mahlzeit

Lebensmittel	Menge (g)	kcal	Protein (g)	Fett (g)	Kohl. (g)
Gefüllte Tomaten	gesamt	643	28,1	8,6	103,7

4. Mahlzeit

Lebensmittel	Menge (g)	kcal	Protein (g)	Fett (g)	Kohl. (g)
Meeresfrüchte Pizza	½ Pizza	655	56,1	13,7	69,7

5. Mahlzeit

Lebensmittel	Menge (g)	kcal	Protein (g)	Fett (g)	Kohl. (g)
Putensalat	gesamt	260	35,3	5,2	12,3

6. Mahlzeit

Lebensmittel	Menge (g)	kcal	Protein (g)	Fett (g)	Kohl. (g)
Erdbeer-Buttermilcheis	gesamt	160	10,4	1,9	22,0

Nährwerte Gesamt

kcal	Protein (g)	Fett (g)	Kohl. (g)
2549	264	36	254

Diätplan 1500 kcal/Tag

1. Mahlzeit

Lebensmittel	Menge (g)	kcal	Protein (g)	Fett (g)	Kohl. (g)
Erdbeerbecher	gesamt	272	26,9	1,4	35,3

2. Mahlzeit

Lebensmittel	Menge (g)	kcal	Protein (g)	Fett (g)	Kohl. (g)
Nougat-Muffins	1 Stück	159	4,4	2,8	27,4

3. Mahlzeit

Lebensmittel	Menge (g)	kcal	Protein (g)	Fett (g)	Kohl. (g)
Putenbrust Kassler Art	gesamt	291	53,9	2,4	2,2

4. Mahlzeit

Lebensmittel	Menge (g)	kcal	Protein (g)	Fett (g)	Kohl. (g)
Putentatar	gesamt	363	63,4	3,6	10,2

5. Mahlzeit

Lebensmittel	Menge (g)	kcal	Protein (g)	Fett (g)	Kohl. (g)
Puten-Schaschlik	gesamt	268	38,7	1,9	17,8

6. Mahlzeit

Lebensmittel	Menge (g)	kcal	Protein (g)	Fett (g)	Kohl. (g)
Ananas-Flip	gesamt	227	27,3	0,6	25,3

Nährwerte Gesamt

kcal	Protein (g)	Fett (g)	Kohl. (g)
1580	215	13	118